图书在版编目（ＣＩＰ）数据

为什么最爱孩子的人伤孩子最深 / 任源源著. — 长
春：北方妇女儿童出版社，2013.9
　ISBN 978-7-5385-7558-3

Ⅰ. ①为… Ⅱ. ①任… Ⅲ. ①家庭教育－教育心理学
Ⅳ. ①G78

中国版本图书馆CIP数据核字 (2013) 第088149号

为什么最爱孩子的人伤孩子最深

作 者	任源源 著
出 版 人	刘 刚
责任编辑	李少伟
封面设计	李彦生
开 本	700mm×980mm　1/16
字 数	200千字
印 张	16
版 次	2013年9月第1版
印 次	2013年9月第1次印刷

出 版	吉林出版集团 北方妇女儿童出版社
发 行	北方妇女儿童出版社
地 址	长春市人民大街4646号 邮编：130021
电 话	总编办：0431-85644803 发行科：0431-85640624
网 址	http://www.bfes.cn
印 刷	三河市文通印刷包装有限公司

ISBN 978-7-5385-7558-3　　　定价：29.80元
版权所有　侵权必究　举报电话：0431-85644803
如发现图书质量问题，可联系调换。质量投诉电话：010-82069336

【目录】

Part4　有一个正确的教育理念，制定一个明确的教育目标

Part5　别用情商换智商

Part8　五种"问题"孩子的应对方法

附录　家长如何直接帮助孩子提高学习效率

1
PART

教育，
既要教知识，更要育心灵

1 孩子的心是丰富的种子，
教育要做的只是浇灌，促使幼苗成长

由于工作的原因，我几乎天天和家长打交道，听到的最多的话是："老师，这孩子怎么办？""老师，拜托你多操心！""老师，我不懂得教育，也不会教育，孩子就交给你了。""老师，我们实在没办法了。""老师，实在不行你看着办吧。"甚至有一位学历颇高且常年从事教育工作的家长都对我感叹："越来越不懂教育了，尤其是对自己的孩子。"

探讨教育理论是专家们的事儿。不过，作为每天和学生面对面的一线教师，我也有一些自己的感受，可以和大家分享一下。

我记得以前教过一个女生。她性格比较内向，有点孤僻，经常闷闷不乐，唉声叹气的。有一次下课后我习惯性地到教室去转转，无意中看见她一个人站在楼前一棵树下，望着树干出神。夏天的阳光被树叶筛成一片碎影洒在她身上，倒是一幅很不错的风景画，可我总觉得有些伤感。我静静地走到她附近——但没有太靠近她，所以她没有察觉，只是在那"怔怔"地盯着树干。

不知道过了多久，我们班另外两个女生去教室，看到她没发现我在附近，笑出了声音，这才把她惊动。她有些手足无措地向教室跑去，我叫住了她，从树上摘下一片叶子，把她带到办公室，在纸上写了一句话："一个可爱的学生曾在这棵树下思考，想成为一片绿叶，依托树干，蒙受阳光雨露，在这美丽的季节里播撒芬芳。"然后我把那片叶子用胶水贴到纸上送给了她。

几年后，我收到了她的一封信，才发现那么一件小事居然会对一个孩子的成长有如此巨大的影响。信里说：

"老师，离开你很久了，也许你已经不记得我这样一个一切平平的学生了，可你送我的那片树叶我现在还保留着，每次看它我都小心翼翼的，生怕弄破。那是我第一次收到这样一份珍贵的特别的礼物，它让我知道了原来一个平常的学生也可播撒芬芳，这鼓起了我的信心，让我明白了一个道理，再弱小的叶子，大树也给它留着位置，阳光也给它留了一份，它也不是可有可无的，就像你给我们开班会的时候常说的，我们未必是最出色的，但我们每个人都是无可替代的。现在，我正坐在学校里刻苦读书，我想成为一个老师，像你一样的老师，未必是最好的——嘻嘻，不介意我这么说吧——但却是学生们最需要的。我要带给他们阳光和芬芳，像你教育我们时说的那样，现在看似不杰出的学生，只要不虚度光阴，绽放自己独特的生命之华，也是令你无比自豪的。老师，谢谢你，也请你放心，我不再是一片飘零着的叶子，而是一片散发芬芳的叶子。还有，我一直奇怪当时你为什么不问我看树做什么，其实我是在想：树叶飘零的时候，这棵树会心疼吗？不过你别想太多，现在的我已经不那么消沉了。"

很有意味的是，在那之后的一天，我无意间碰到了其他班的一个学生在树下发呆，正好被来学校看她的父母碰个正着。她父母留下些钱和叮咛，很快就把她打发进了教室。也许在父母看来这本是无关紧要的小事，但如果能站在孩子的角度考虑一下，就会明白孩子不是闲得无聊，而是在思考自己的人生。这样简单地打断她的思路，在父母看来确实无所谓，但在孩子看来却是近于"粗暴"地干涉了她的生活和思绪，长此以往，可能使孩子对很多本来重要的东西索然无味。不少老师都曾感叹，现在很多孩子越来越没思想了，但换个角度考虑，也许是外部因素有意无意地剥夺了他们的思想。

送一片树叶，实在谈不上是教育。如果那个孩子的心不是那么容易被感动，也未必有如此立竿见影的效果。但这至少是一种态度的表达："我心中有你，我一直在关注并深深地爱着你；更重要的是，我不会因为爱你就把自己的思想强加给你，我懂你，小心翼翼地呵护着你心中一切珍贵的想法，即便它们未必是成熟的，甚至未必是对的，但我为你祝福。"

我经常弄点小东西送给学生，学生都当宝贝一样，有的学生说还是第一次收到老师给的东西。

问题的核心不是礼物，孩子们所需要的，是我们通过礼物传递的关爱和祝福，那对他们而言意味着一种肯定和接纳，让他们意识到自己的价值，他们可以由此获得奋斗和发展的信心与动力。

几年前，我还是个初出茅庐的新手时，有一次在校园里，一个素不相识的女生喊住我，对我说她的一个最要好的朋友很快就要过生日了，她想送一件特别的礼物——找1000个人为朋友写祝福语。当时我的第一反应就是这个孩子不好好学习尽搞这些歪门邪道，甚至有些反感。幸亏，真的幸亏当时我刚出校门不久，心中还有很强烈的学生气息，所以在反感的同时也有这样一种想法：如果我的朋友在我生日的时候也送我这么一件礼物，那我会多么高兴，多么感动啊！

这两种矛盾的心理最后归结为理性的结论：为朋友真心祝福和是否好好学习根本没有什么必然联系，即便她学习成绩乃至学习态度都不怎么样，但把心思用在为朋友祝福上，总比用在叛逆、逃学、游戏、追星、早恋上强吧。我想这些的时候，那个女生以为我是看不起她的这种做法，红着脸说："老师你既然为难，那就不麻烦你了，还是很谢谢你。"

我叫住了悻悻地想要离开的她，欣然在她的本子上写了一段祝福。然后简单向她解释了一下，记不清当时说了些什么，总之是在撒谎——我不敢告诉她实际上我当时的第一反应是那样的。

到现在我都在不断反思着这件事，我一直在感谢那位至今不知道姓名的同学，是她让我在初入教育行业的时候就开始思考一个至关重要的问题：教师到底应该做些什么。换言之，孩子们到底需要什么。

许多孩子现在最需要的不是"教"而是"浇"，用理解和爱去滋润他们的灵魂，用生活体验的甘露去浇灌他们的心灵，因为，他们的心已经被考试"烤"成一片荒漠。

有人这样说：

"我们不合时宜地把自己的期望和既定的游戏规则强加在他们身上，好比是铲平了原始森林，铲除了它丰富而富有活力的生态系统，铲除了其中孕育奇葩的希望。再种上一排排经济林，用肥料催生，为了我们的功利耗尽了他们天赋的活力，耗尽了他们持续的富有无限可能的美好的原生态。"

我不想危言耸听，但参加工作这几年，我的工作笔记上写得最多的一句话是"孩子们的心，就像一片荒漠"。日益丰富的物质文化生活，本应让孩子们在更为多元化的选择中充分发展自己，可是，仍有不少孩子心中没有阳光雨露，没有生机盎然的憧憬和奋斗，只有空虚和迷惘。他们只是在日复一日机械地重复着整个社会为他们设定的人生，无论他们思想上是否理解，情感上是否接受，他们都得打起十二分的精神去应付：应付日益繁重的课程，应付五花八门的考试和选拔，应付节假日的辅导补习，应付家长和老师的要求……

在这个过程中，他们很少能感受到真正的自我和生活的美好。于是，一有空闲，他们就近于饥不择食地寻求一切可以填补内心空虚的东西，为自己寻找到生活的感受，想办法让自己去笑、去哭、去撒野、去放纵，去做他能够做的一切事情。好的坏的，来者不拒。无论这些东西在他人看来多么无厘头，多么没有价值，多么浪费时间，他们都毫不顾忌，因为这能让他们觉得自己是在作为一个活生生的有丰富感受的人而生活着。

这不能怪他们，因为他们的心太空虚了，正如在沙漠中跋涉而水壶早已空空的行人，只要前面有水，哪里顾得上其中有什么呢？孩子毕竟不是成人，他们没有在人生的荒漠中跋涉的经验，他们只知道很需要水。

我曾经在操场上看到：一个旷课的男生旁若无人地甩着遮脸的长发吼着崔健的歌——《快让我在雪地上撒点野》。可能不少家长对这首老歌有些陌生了，为了让大家能更真切地意识到孩子们的内心世界，我把这首歌的全文写下：

> 我光着膀子，我迎着风行，跑在那逃出医院的道路上。
> 别拦着我，我也不要衣裳，因为我的病就是没有感觉。
> 给我点儿肉，给我点儿血，换掉我的志如钢和意如铁，
> 快让我哭，快让我笑，哇，快让我在这雪地上撒点儿野。
> yi ye yi ye/因为我的病就是没有感觉。
> yi ye yi ye/快让我在这雪地上撒点儿野。
> 我没穿着衣裳，我也没穿着鞋，却感觉不到西北风的强和烈。
> 我不知道我是走着还是跑着，因为我的病就是没有感觉。
> 给我点儿刺激大夫老爷，给我点儿爱护士姐姐，
> 快让我哭要快让我笑哇/快让我在这雪地上撒点儿野。
> yi ye yi ye/因为我的病就是没有感觉，
> yi ye yi ye/快让我在这雪地上撒点儿野。

寒冷和放纵的刺激，反倒变成了疗治思想意识麻木的良药。难道真的没有更好的方法了吗？不是，而是他们实在等不及了。

崔健最初演唱这首歌的时候，现场为之疯狂，那时出现这种情况并不意外，因为人们的心灵被禁锢太久了。时隔二十多年后，他再一次演唱时，许多80后、90后跟着那些60后崔健迷们一起疯狂呼喊"我要做我自己"——这时，

好像他们之间没有代沟了。

这不得不让我们沉思，既然教育的根本任务之一就是塑造人们的灵魂，那我们将要"塑造"的灵魂，究竟处于怎样的一种状态呢？

一位成功步入名牌大学的"天之骄子"这样描述自己的真实心理：

为了要做一个"文明人"，我放弃了做自己。可是，我期待自己野性的弥散。

我知道人们对我的期待，知道人们以为我应该是什么样子，知道我"应该"是什么样子。我知道，文质彬彬、礼貌有加似乎让我更有"人性"的魅力。可是，我是一只北方来的狼，永远成不了也永远不想成为熊猫。我珍惜自己的狼性。我所期待的只不过是一块雪地，让我尽情地撒野。

我不要成为一个馒头，面面光滑，咬起来也不会硌了别人的牙，可是——毫无味道。我厌恶这样的态度。就算我的缺点不能为人们所接受，我也要我的一切暴露在天空下，所谓的缺点，所谓的优点，都是我的特点。

（http://www.rongshuxia.com/book/132193.html　文/ifyouwanna　有删节）

当代著名哲学家周国平在他的名著《安静》中曾对此做过深刻的剖析："重要的是我们每一个人都应该去寻找一种适合于自己的方式，都应该倾听自己内在生命的呼声，关注自己的生存状态，不断地寻求一种既健康又高贵的人生，简言之，一种真实的活法。""问题出在这个世界不让人痛快地哭，痛快地笑。最使一颗优秀灵魂感到压抑的当然不是挑战，而是普遍的平庸和麻木。"

在另一部作品中，他说："对于一个洋溢着生命热情的人来说，幸福就在于最大限度地穷尽人生各种可能性，其中包括困境和逆境。'目极世间之色，耳极世间之声，身极世间之鲜，口极世间之谭'。依照自己的真性情痛快地活。"

我想：我们对于孩子的了解也应该多一些角度和深度。

2 把我的青春还给我——
让孩子走他们的人生路

做了八年老师了，即便还有些年少轻狂，但在学生面前的时候总得像个老师的样子。可时间长了，总觉得这实在不应该是生活的全部，所以我自己也经常听崔健的那首歌，让自己在歌声中寻求一种生命力的自然扩张。由此想想，学生们每天正襟危坐地面对我们的时候，不同样也需要这样一种体验吗？

我不是摇滚发烧友，我经常对学生说："这种激情的释放如果把握不好，很容易沦为单纯的宣泄，很容易让人模糊一些起码的人生底线。"可是，我也实在找不到理由证明这种没经过理性过滤的生命激情是完全不需要的。

所以我在班会上为同学们放过崔健的歌，放过迈克尔·杰克逊的歌。当年我上高中的时候，我们的美术老师也给我们放过，那节课是我在高中三年里唯一一节至今能回忆起全过程的课。推己及人，我想现在的孩子们同样面临着生活体验贫乏的危机。

自担任班主任开始，我每教一届学生都会做一个测试，其中两道题是：

（一）从你上初中以来，是否有过如下感受：

1. 早晨醒来的时候对这一天的生活（包括学习）充满了期待，一想到今天要做的事，就充满了力量。

2. 深夜入眠时，想到刚刚度过的一天时光，心中有相当的充实感，觉得这一天真没有虚度，也许若干年之后，想起今天，也会不由自主地微笑，心中充满了感慨。

3. 因感动而流泪，觉得世界原来如此令自己心动，真的想融入这个世界，深入地品味它带给自己的每一份感受。

（二）从你上初中开始，是否只是因为喜欢或者想要体验，就放下手中的事，抛却一切想法，做下面的事：

1. 淋淋雨

2. 吹吹风

3. 沐浴在阳光下

4. 倾听鸟或虫子的叫声

5. 听水流的声音

6. 用心摩挲一捧泥土，一片树叶，一张纸，一片羽毛，或者别的什么

统计结果是，完全没有的占到21.7%，偶尔有过一两次的占51.8%，经常有的不到1%。更需要注意的是，最后一种人无一例外地都是老师眼中的"异类"。

更值得一提的是，我也曾问过不少家长是否知道自己的孩子有没有这样的体验，多数家长明确地表现出不当回事的态度，只是在我极力说明这其实非常重要的时候，才会说："不知道，也许有吧，我没见过。"有的家长甚至自始至终只有一句话："这孩子究竟能不能考上大学，你给管得紧一点。"

这些真的无关紧要吗？又或者说，它真的与孩子的成绩和成长无关吗？

几年前，有个外地的朋友带着孩子找到我，说他女儿正在省城一所一流高中读高三，为了让孩子能专心学习，母亲还专门辞了收入不菲的工作跟来当"保姆"。当然，能够让父母如此看重是因为她确实称得上努力，"三更灯火五更鸡"这句话对她来说是小菜，可是一直到高三成绩都不是太理想，偏偏这小姑娘是个认死理的主儿：成绩越是不好，我就越是要学出个样子来。于是她

就陷入了一种恶性循环当中，越是成绩差，就越是无暇调整自己的学习方法和学习状态，只是在拼命地抓时间，耗精力。

这种"走火入魔"的状态带来的问题之一是她产生了一种强烈的"悲壮感"，觉得自己好像是一个舍生忘死、功败垂成的壮士。后来出现了这么一种情况：

已经是深夜两点了，女儿还在苦读，母亲心疼地提醒女儿早点睡。结果，女儿把书一摔，冲母亲发起火来。

"烦死了，你是不是看见我学就浑身不舒服。"

"妈是怕你受不了。"

"知道我受不了还唠叨。"

"所以让你早点睡啊。"

"睡觉能睡出分数来？"

"尽了力就行了，我和你爸也没逼你一定要考上啊。"

"你们这不是逼我是什么？你们什么时候能考虑一下我的感受？"

"那你要是实在受不了就别上了，你想做点什么，咱换个出路。"

"你们还让不让人活了，是不是看我考不好你们高兴得不行？"

"妈是心疼你。"

"心疼我就让我安静点。"

"好好好，不说了，不说了。"母亲把脑袋缩回了被窝。

结果女儿闹得更凶了，嫌当妈的不懂自己的苦处，看她这么痛苦也不给点安慰和鼓励，母亲只得又把头从被窝里伸出来安慰鼓励，结果又换来女儿这么一句话，"我都考成这样了还说我能行，你怎么幸灾乐祸呢？"

……

结局是女儿把书本文具扔了一地，四仰八叉地躺到床上大哭起来。她母亲说这样的情况几乎每周都要发生一两次，忧心忡忡地问我："这孩子会不会有什么问题了。"

　　为了缓解她的紧张和焦虑情绪，我用玩笑口气逗她："挺漂亮个大姑娘，非得每天急火攻心地给自己整一脸疙瘩，不嫌难看啊？"她当着母亲和老师的面，又一次"扑腾"起来，"都什么时候了，还管这个？"我顺着她的话头往下引，"行行行，小姑娘挺上进，老师坚决支持。不过我问你，万丈高楼平地起，这句话对不对？"她想了半天说应该是对的，我告诉她："错了！平地起高楼，除非那楼是给当年的日本鬼子住。想起高楼，得先奠基，楼越高，基础越要扎实。不能只想着地上的部分。"她笑着说知道，只是刚才没想到。

　　话到这一步，事情就好办了，我说："你现在的情况也是如此。只想着提高成绩，却忽略了提高成绩所必需的基础，尤其是非智力因素，比如你的心态，没有一个好的心态，急功近利，浮躁冒进，除了一脸疙瘩，你还有别的收获吗？"她点点头说："以前老师们也说过我，我一来没觉得这么严重，二来试着改了几天改不了，就不管了。"

　　于是，我和她做了一个试验，让她从窗台上搬来一盆花，把脸埋在花与叶子间匀长地深呼吸。"此时除了呼吸什么也不做，只是想象着泥土中的养分通过根，通过茎，化为叶的翠绿，化为花的芬芳，这种芬芳像一个个散发着柔和之光的精灵，随着你的呼吸进入你的体内，融解了所有的烦恼和不快，然后又化为一缕缕的根须在你心灵深处安家。不要想着马上就能有枝叶和花，只看那一缕缕的根须，在你心中舒展着，延伸着，它在放松自己，等待着也探索着自己的最佳状态，等待着……"

　　过了很久，她才把头抬起来，说："还真有点轻松了。"于是我与她做了一个约定，每当心浮气躁的时候，无论在做什么，都暂时停下来，让自己和花亲近一下。两天之后，她给我发了条短信，上面只有一张笑脸；几个月之后，她在当年的高考中考出了上高中以来最好的成绩，她给我打电话说查了好几次分数，还是不敢相信。过了几年，她给我打电话说开始喜欢园艺了，正在学习花艺，还想学学茶道。这引起了我的思考：那个当初被淹没在书山题海中的她，为什么会出现苦苦挣扎而无法解脱的情况？为什么仅仅用赏花闻香这样一个再普通不过的生活方式就能解决的问题，却带给了她们母女那么长时间的苦恼？为什么一个重点中学的学生学了那么多深奥的知识，却连这么一种简单的解压方式也找不到？

教育和教学不一样，成绩出来了，高下立见，它很难用一个量化的标准来衡量，更多的是一种润物无声的滋养，其中况味，只有受教育者在未来的人生中一点点地感受到，"如鱼饮水，冷暖自知"。

比如那个报考师范大学的学生，她上的大学并不是什么名牌（虽然就那个孩子的高中入学成绩而言，这样的成绩已经很让人欣喜），她将来就职的学校也未必有多好，也许就是领着一份普通的薪水，过着平平淡淡的日子。对于很多家长而言，这离他们为孩子设定的目标还很远。但对这个学生而言，她心中充满了希望，在不断地收获着欣慰和充实。而这，不正是每个家长对孩子最衷心的祝福吗？

由此想来，教育不是什么让人琢磨不透的事情，它就是对生活的一种体验和感受的积淀，这种积淀越是丰富厚重，就越是有着巨大的力量。许多家长谈到孩子的时候，都会感叹"悔不当初"，有的是感叹当初没更多地关注孩子，有的是感叹对孩子的一些问题处理不当，有的甚至感叹自己当年没有努力奋斗为孩子创造更好的条件。可这些感叹不都是在"当初"之后，在你经历了许多之后才有的吗？那对于孩子们，在他们还未曾真正地经历过本该拥有的生活时，我们是否该先把生活还给他们，让他们一步步地经历，而不是一味地要求呢？

与其千百次地说教和管教，硬邦邦地要求他们按一种既定的规则机械地运转，不如与他们一同去体验生活，让他们自己产生这样的想法："我要成长，我要成熟，这样的感觉真是美好。"

3 孩子需要真实的生活体验，
智力的开发不能以心灵的缺失为代价

我眼前曾无数次地浮现出千百年前的一幅画面：在"暮春三月，江南草长，杂花生树，群莺乱飞"的时节，带孩子们去碧波里游泳，到旷野中吹吹风，吟诵着情调相合的文章，踏着欢乐的脚步回家。这样的情景，连孔子听到后也禁不住喟然而叹，悠然神往。

那么，这种教育方式到底靠谱不？

我以前教过一个班，用老师们的话说：能安安静静、平平稳稳地把一堂课上完，已经是阿弥陀佛了。我曾苦口婆心地劝说，也曾严厉地批评处罚，毫不通融地通知家长，甚至还动过手，但没什么效果，他们对此根本无动于衷。

后来，我索性放下了抓纪律、提成绩的想法，只是不断地对他们说这样一句话："孩子，把你的手给我。"下雨时，我说着这句话和他们手拉手连成一排在操场上疯跑；下雪时，我说着这句话和他们滑冰，堆雪人；风起时，我说着这句话和他们一边在校园里吹风，一边尽情地欢呼，唱歌，吟诵着《大风歌》；晚自习时，我说着这句话和他们写作业，让他们给我讲课，教我做题；周末时，我说着这句话和他们一起买菜，做饭……反正糟糕到底也就是那个情况了，还不如试着找出一条别的路。结果是，一年后，他们在全校大会上得到了点名表彰。所有十个评比项目中，他们有八项优异。受表扬，不只是因为他们的成绩，还因为他们的品行。

现在，那批学生中有不少已经走上了工作岗位，聊起当年的经历，依然充满了感慨。其中一个学生曾在某天凌晨时给我发过一条短信："刚才梦回高中时代，回到了我们班，和你一起谈笑风生，吹风淋雨，到校园里唱歌，激动得醒了过来。老师，你现在和学生还是那样吗？会不会为了成绩忘了那时的光景和想法呢？可要坚持下去呀，那才是学生们向往的。"

我没有回复，因为我不敢。一则现在安全是头等大事，如果把学生带出去有个头疼脑热，家长找过来是无法交代的；二则高考升学率比拼越来越厉害，无论家长还是上级，都不会也不敢冒这样的危险，让你把孩子作为"试验品"，但同时也听到越来越多的家长和老师反映："现在的孩子越来越难带了。"

现在的孩子"被"错过了本该拥有的生活，自然也就"被"失去了许多生活的体验和感悟，就像一叶扁舟在升学考试的汪洋中飘零着。如果他们真的是一台学习机器还好，还可以完全按照家长、学校和社会为他们设定的程序机械地运转。但他们毕竟有着自己的想法，于是各种各样的逃避和抵抗也就是正常的了。

我们经常教育孩子："书到用时方恨少，事非经过不知难。""少壮不努力，老大徒伤悲。"但这能起到多少实质性的效果呢？反过来想一想，"知难""恨少""徒伤悲"不正是在经历体验之后吗？让他们亲自去体验一下，还需要我们苦口婆心吗？当年孔老夫子讲"不愤不启，不悱不发"恐怕也有这个意思吧。

如果要回答本章开头那些烦恼困惑颇多的家长，我想说："其实教育并不是多么让人头疼的东西，从一定程度上来说，教育，就是带孩子们一起去体验、经历、感受、领悟、品味。所以才有人说，真正的教育成果，就是孩子们学到的知识都忘却之后留下的。教学只是知识的传授；对心灵和灵魂的滋养培植，才是教育。"

说得再简单点，其实下面这首歌就是对教育一种很好的描述：

暖风轻拂澎湖湾，白浪逐沙滩，没有椰林坠斜阳，只是一片海蓝蓝。坐在门前的矮墙上，一遍遍幻想，遍是黄昏的沙滩上，留下脚印两对半。

那是外婆拄着杖，将我手轻轻挽，踩着落日走向余晖，暖暖的澎湖湾。一个脚印是笑语一串消磨许多时光，直到夜色吞没我俩，在回家的路上。

澎湖湾，外婆的澎湖湾，有我许多的童年幻想，阳光，沙滩，海浪，仙人掌，还有一位老船长。

对于这样美好的生活体验，孩子自然会珍惜；对于一个珍惜生活的孩子而言，还需要担心他做什么不该做的事吗？

即便是从功利的角度出发，这对促进他的学习也是有百利而无一害的，例如，他可能会为了欣赏更多更美好的风景，而想报考旅游专业；会为了能环游世界而选报外语专业；也可能为了保护这幅美景——说到底是为了保护他美好的回忆而报考环保专业。当他的这种心理动机足够强烈的时候，学习就是自然而然的事了，而这一切，都源自当初那种幸福的生活体验。

本来很多事情都应该是自然而然的，可现在反倒成了不正常的现象，过于直接地追求知识和成绩，反倒忽略了最普通但也最根本的东西，心智的开发以心灵的缺失为代价，这绝不划算。磨刀不误砍柴工，家长和孩子在生活中增加了解，增进感情，本身就是在为孩子的学习和成长奠定必备的基础。单说孩子们因为感动和对父母的好感而学习，总比被逼着学习要好吧。

有位网友看了我的初稿后曾发来这样一段话：

我们需要怎样的教育（克里希那穆提）
我不知道有多少人问过自己，所谓的教育究竟含有什么意义？难道受教育只是为了通过几项考试，得到一份工作？还是为我们在年轻时奠定基础，以便了解人生的整个过程？获得一份工作来维持生计是必要的，然而生命并不只是一份工作和职业而已，它是极为广阔而深奥的。如果我们活着只是为了谋生，我们就失去了生命的整个重心。去了解生活本身，比只是准备考试、精通数学、物理或其他科目要重要多了。

4 知识填充的是头脑，
需要成长的则是心灵

工作以来，我有一个越来越深刻的体会：学生们的知识量在不断增加，知识面在不断拓展，但与之相伴随的是创造力的衰减、欢乐充实的缺失甚至道德水平的下降——许多孩子把创造力用在和学习抗争上，比如作弊手段的层出不穷；他们的欢乐也只有在与学习无关的时候才会体现出来。

在课堂上我经常发现这样一种情况：当我为他们讲解必学知识的时候，不少孩子明显是在强打着精神听课。但是，当我为他们补充一些课外故事，或者在分析课文的过程中给大家发表一些属于自己的观点的时候，他们却表现出极大的兴趣，这一点，从课后效果中也明显地体现出来。对于知识点，我反复讲解强调，又通过检查考试等手段不断强化，可总有记不住的——就拿一次考试来说吧，10分的名言背诵，在考前给他们发下去的一份复习资料上都有原题，可得满分的寥寥无几；但是我说过的那些课外的故事，或者我们自己讨论得出的观点，大多数人都能牢牢记住。

有一个班的同学，我给他们介绍了很多的学习方法和技巧，他们能复述出来的很少，能落实的更少，但新学年的一次班会上我对他们说的一段话，他们一次就牢牢地记住了："在这个班，我最看重的不是成绩，而是人品，人品无论在任何时候都是大于成绩的。欲做学问先做人，人才，人才，你连人都做不好谈何成才，所以我希望大家牢牢记住：人品大于成绩。无论你的成绩如何，只要你的人品没问题，你们就都是我的好学生、我的骄傲。"原因很简单，在高中明确地把成绩放在第二位的情况太少了。一个学生的爷爷后来告诉我，他的孙子放学回去以后对他说，见了很多老师，还是第一次听到这样的话。

话说回来，一个堂堂正正的人怎么会成不了才呢？

一年下来，全校21个普通班里，我们班是唯一一个从倒数第三冲到正数第三的班级。

我想：上面所说的一系列问题，归根结底，是孩子们心灵的缺失。一个整天懵懵懂懂的人，一个连自己的心都感受不到的人，还能指望什么呢？教育，就我的理解，这个概念本身可以分为两部分解释：教知识和育心灵。我们现在的教育出现种种问题的根源就在于我们过分注重前者而忽略后者。

思想道德和心理健康教育在实际操作中，很多时候沦为了成绩的附庸，其效果如何，还是看考试成绩。我问过很多拿了三好学生奖状的学生，居然不知道三好是哪三好。这种情况使不少学生能感受到成绩提高的喜悦，却感受不到深层的充实，感受不到每一个瞬间的幸福和欢乐。久而久之厌倦之后，轻则厌学逃课顶撞师长，重则走上了犯罪和轻生的道路。而弥补这种缺失最主要的途径，就是生活。

把生活还给孩子们吧。

2
PART

缺陷是一种财富，
错误是一种资源

1 孩子需要的是成长，而不是完美

教育的核心在于教育理念，但教育的效用在于教育智慧。再好的教育理念，如果被教条式或者断章取义地理解和施行，也起不到应有的效果；再普通的理念，如果能深刻地理解，巧妙地运用，也可以收到意想不到的效果。

许多问题，如果我们换个角度看，感受可能就大不一样。曾有一个学生，拖着父亲来找我"告状"，原因是他父亲前段日子看到一本关于培养孩子行为习惯的书，书中列举了许多不健康的行为习惯及其危害，详细介绍了改正的方法，是本挺实用的书。可这位父亲没有意识到书的体例是"字典"式的，分条排列，便于读者理解，他误以为书中列举的每一种行为习惯，每一种缺陷和错误对孩子而言都是"致命"的，于是，他把儿子的情况与书中内容逐一对照，然后煞费苦心地列出来要求孩子改正。比如孩子放学回来准备吃午饭，父亲对着书一看，这不是一个好习惯，应该先把课堂内容趁热打铁在脑子里过一遍才对。孩子照做了，但饭后的时间就很紧张了。父亲对着书一看，这也不是一个好习惯，上课前应该预习一番，以便有的放矢，提高课堂效率。孩子也照做了。但午饭时间总共不到三个小时，这么一来孩子几乎没有了吃饭的时间，只能边看书边吃饭，父亲对着书一看，这不是一个好习惯，应该学会统筹协调，先设计一个计划。但书里说计划的注意事项很多，父亲继续对着书看……最后，孩子实在忍无可忍，拖着他父亲带着那本书过来让我给评评理。

当然，这个孩子也有些过于实在了，不懂得变通，可实际上这么听话的孩子不正是很多家长梦寐以求的吗？问题的关键还在父亲身上，这位父亲没有意识到孩子的任何一种行为习惯，都必须结合孩子各方面的实际情况进行判断，才有可能判明其优劣，请注意，这也只是有可能，因为随着主观情况和客观环境的改变，缺点可能变成优点，优点也可能变成缺点，所以，这种逐条罗列缺点的做法看似用心良苦，实际上弊远大于利，不仅没必要，还可能打击孩子的自信与热情，激起孩子的逆反心理。

珠宝鉴定界有一句行话叫"十宝九裂"，意思是说那些珍贵的天然宝石一般都有瑕疵，如果你碰到一块在放大镜下都完美无瑕的宝石，那就得好好鉴定下它是否是人工制造的了。天然珠宝虽多有瑕疵，但它是天地精华之所集，灵气之所钟，其价值与人造珠宝判若云泥，可以说，它具备巨大价值的原因，也正是它有瑕疵的原因。

所以，我经常对学生说："没有哪个人是十全十美的，如果你碰到一个完美的人，离他远些，因为，要么他是装出来的，要么他离毁灭不远了——完美意味着毁灭，我们的成长也不是力求完美，一则那不可能做到，二则将完美作为我们要求的目标，也不见得有多大价值，与其殚精竭虑地要求完美，不如把自己放在真实的生活中锤炼，该哭就哭，该笑就笑，累了就休息，心中有梦就去追，当你在滚滚江尘中蹚过一番后，不经意间你会发现，生活的河流已经将你由一块璞石磨洗成珠玉。"

我也经常对家长说："用鉴宝的眼光来看待我们的孩子，你会有不一样的感受。他的缺点同样也是他值得我们珍惜的理由。"

2 是缺陷还是优点，
就看你从哪个角度看

有一位学生家长跟我说，同样的话，从他口中说出来，孩子几乎是听一句顶一句；我嘱咐一下，孩子很自觉地就落实了。后来，这个孩子分出我们班不久就与新班主任产生了矛盾，怎么也调解不开，为此，父母与孩子也产生了一些矛盾。这位家长问我该如何处理。我拿出两张纸，让他把对孩子的印象尽量详细地写下来，同时我也把自己对这个学生的印象写下来，写完以后放在一起比较，竟然是完全不同的两种情况：

很不听话——自主意识强

学习上不能坚持——能灵活地根据实际情况调整状态和思路

学习效率低——学得很扎实，学过就忘不了

成绩不理想——在他力所能及的范围内进步幅度不小

没有压力——心理素质强，学习和心理状态一直很稳定

喜欢管闲事——乐于助人，经常主动为老师和同学分担事务

做题做得太慢、太少——每学一个知识点，每做一道题都会用心检查，细细咀嚼，举一反三，触类旁通，以他的基础和能力，能长期坚持这么做，实属

不易，值得敬佩。

我们甚至在一些极其细小的环节上也存在着很大的分歧，例如：背东西时连嘴都不动——很多人是用嘴背，他是用心背。

我给这位家长详细地分析：孩子与家长和老师产生矛盾，确实也存在沟通技巧和语言表述上的问题，但这解决起来并不难。最关键的是孩子的某些情况，本身就是利弊参半的，例如做题，别人可能是做一道搁置一道，速度自然很快，这样的好处是练习量大，见多自然识广，可它也有弊端，就是对具体一道题含金量的认识和挖掘不充分，又不能把这道题与以前学过的知识和练过的题比照，置于一个博大的知识体系和题型系统中进行分析，未必能掌握类型题的解法；而他的孩子做题是"细嚼慢咽"，虽然速度和题量上相对不足，但后一种更严重的情况却可以避免了。所以，看似缺陷的东西，实际上却正是他的可贵之处，你们逼着他改掉自己的长处，他自然不答应。

我进一步给这位家长分析，至于成绩不理想，是不可以一概而论的，他因为注重扎实，所以有时跟不上进度，平时测验的时候名次并不理想，但是，一旦有一段缓冲时间，他就会迎头赶上。我问这位家长：难道你没发现孩子期末考试的分数总是很不错的吗？这位家长点了点头。这就是因为平时检测之前老师一般是不留复习时间的。但在高考之前，有足够的复习时间。

再拿"管闲事"来说，也不是一件坏事。一则许多事并不见得是闲事，因为孩子的最终目标是成人而不仅限于成才；二则即便就成绩和名次来说，也未必和"闲事"就没有关系。学习需要一个探讨交流，切磋琢磨的过程，在这个过程中与同学们相互配合的效果一定比"闭门造车"要好很多。如果孩子是一个"各人自扫门前雪，不管别人瓦上霜"的人，就很难与同学们很好地配合。我还给他举了一例子：假如某天放学的时候下起了大雨，老师没带伞，正好两个带着雨伞的学生迎面而来，一个打个招呼就过去了，另一个却把自己的伞让给了老师……如果你是这个老师，在某些特定的情况下，比如你的时间和精力刚好只能帮助一个学生，你会选择哪个？

可见，孩子的许多特点都像一枚硬币的两面，从这面看是缺陷，反过来可能就是优点，千万不要片面地看待。

3　绝大多数的缺陷后面，
都有可能隐藏着一个优点

　　我常去一家餐馆吃饭，餐馆老板对孩子的学习相当重视。有一次，孩子回来与他谈起老师讲的一个例子：把青蛙放在冷水里，再把水慢慢加热，一开始青蛙不觉得危险已经开始降临，还在悠闲自在地游泳，等水热到快把青蛙煮死的时候，青蛙想跳出来，却已经没有那个力气了。孩子想问问父亲这件事的真假。父亲首先表扬了孩子质疑知识的优点，然后坦白地告诉孩子他自己也不确定，然后大手一挥，让厨师端来一个火锅又拿来一只田鸡扔进火锅里，说："咱就是开饭店的，试试不就知道了吗？"这下，连正在用餐的顾客也纷纷围上来想一看究竟。

　　可儿子赶紧拦住了父亲，说只是想问问，为了一个问题就杀一只田鸡，太残忍了，别试了。这下父亲有些不乐意了，教育孩子说："你太放不开了。咱家店里哪天不煮几只田鸡。你再看看这一桌一桌的有多少荤菜？你自己哪天不吃几两肉？那肉难道是地里长出来的？为了一只田鸡就不去探究正确的答案，那你将来还怎么学习？"结尾还加了三个字的评语，"没出息"。

　　早就聚拢过来看热闹的顾客们也纷纷随声附和，有那水平高的就说："就算这只田鸡为科学献身了。""你将来当了将军还不打仗了？"孩子的头渐渐低了下去，但始终没有改口。我看孩子有些招架不住了，赶忙把围观的客人劝开，对孩子的父亲说："要知道真相，不见得只有这一种办法。你带孩子找几个懂行的人问问就可以了。更重要的是，科学精神固然重要，可孩子的怜悯之心更宝贵，那才是最基本的人格。照你的想法，孩子将来可能会如你所愿成为一个富于实证精神的科学家，但你不会希望自己的孩子成为一个只有水平没有人品的科学家吧？至于吃肉，和这个问题就更不搭边了。他只是个十几岁的孩子，对生活的认识和思考没你那么复杂。他知道肉好吃，所以爱吃肉；他对生命有怜悯之心，所以坚持不煮田鸡。前者是正常的生活习惯，后者则体现了他人性的光辉，为什么一定要混为一谈？"

孩子的父亲点头表示同意，我进一步给他分析："为了让孩子具备一种实证精神就强迫孩子克服对生命的怜悯，这无论如何是得不偿失的。就算孩子将来成了科学家，成了医生，成了统领千军万马的将军，他立身处世的根本也还是悲天悯人的怜悯之心。实际上，我们完全不必担心孩子会因为这种怜悯之心而影响了他的学习和成长，随着阅历和心智的成长，他将来自然会把这两者协调统一起来。但这必须等他的心智成长到那个程度才行，如果现在就强迫他那样，就是典型的拔苗助长。如果刚才孩子毫不犹豫地同意你那么做，那才真是需要担心的事。"

那我们到底该如何判定某个特征是真缺陷还是假缺陷呢？

1. 看这个特征是否会在某种情况下成为优点。特别是他一定会经历这种情况或我们为他创设一些条件的时候，如果这一特征不再有消极的作用，反而表现出一种积极效果，那它就一定是笔"含金量"很高的财富。前面我举的那个例子就属于这种情况。还有一种相反的情况，不少反应过快的学生有一种伴生现象，就是毛糙、粗心。后者可以在一定程度上得到解决，但想在短时间里彻底解决，几乎是不可能的。尤其是对于高中的学生而言，因为他们的这种情况已经形成了习惯。这种学生在高一高二的时候可能成绩平平，但到了高三，随着学习难度的增加，他们的优势就会逐渐显露出来，因此，只要他粗心的程度不至影响大局，就不必视为洪水猛兽。对于这些孩子而言，要彻底改掉粗心的毛病，如果没有科学的方法和技巧，那是相当痛苦的一件事情，有时真的是得不偿失。

2. 看这个特征是否可以被引导和转化为一种优点。

例如偏科的学生，他既然偏科，就说明他的学习能力绝对不差，否则有些科目不可能学得好，至于另外一些科目相对较差，很有可能只是因为他对这些科目不感兴趣，只要我们设法引导他们对这些科目产生兴趣，那就不必担心他学不好。

3. 有些特征即便是真缺陷，但如果在现实情况下要以牺牲某个更大的优点作为代价来解决，那就不如将之视为财富。例如我在"十宝九裂"中提到的那个孩子，他不忍心为证实老师的话去煮田鸡，"遇事放不开"固然是缺陷，但如果一定要以他对生命的怜悯之心为代价改正，不改也罢。

最后我想请家长们特别注意的一条是：有些特征，明明根本不是缺陷，而我们却因为某种原因，例如急功近利、操之过急等，将之误判为缺陷，那就更不应该了。

我去一位朋友家做客，他的孩子才上幼儿园，父母已经开始教孩子认字了。我去的时候正在认"山"字，孩子的母亲先给孩子写了一个山字，然后连着教孩子读了几次，又手把手地教孩子描了几次，算是通过了，准备"验收"过后教下一个字。可是"验收"的时候，孩子却总是把"山"字写得很高，而且每写一次，三个竖的长度比例都不一样。父母多次矫正，他都接受得很勉强，可能父亲有些急了，开始"上纲上线"："做什么事都得认真，千万不能马虎，咱们的汉字是方块字，哪有你写得这么长的，三个竖应该是中间的最长，两边的稍短，可不要一样长。现在做事就不扎实，将来怎么得了。"我制止了他，问孩子为什么要这么写，孩子说："山本来就是很高的呀！山和山也没有一般高的呀！"我一听就乐了，对他父亲说："你家孩子已经初步体会到汉字象形的特征了。"于是，我写了一个"鸟"字，问孩子，能想出这个字像什么吗？孩子盯着看了半天，说："好像是只鸟站在树枝上。"我问他为什么，他说上面那个斜划（撇）像鸟头上的羽毛，中间方框里的一点像眼睛，下面一竖是腿，一横是树枝，我恭喜朋友："你有个聪明的儿子。"朋友还一头雾水："我们没教过他这些呀。"我说："你们是没教过，这是他自己发展起来的观察和联想能力，可你们却差点把这宝贵的能力当作缺点给灭了。"

4 孩子的某些"缺陷"，
只是因为我们的目光带有功利色彩

我们喜欢婴儿，很大程度上是因为他们的娇弱；我们喜欢幼儿，是因为他们的单纯和调皮，可是，随着孩子渐渐长大，尤其是步入学校——哪怕你昨天还因为他的调皮而开怀大笑——家长对他的评价会很快变得严格起来。从前，孩子的调皮是可爱，现在，孩子的调皮成了不听话，不守纪律，甚至被扣上"多动症"的帽子；以前，孩子乱涂乱画是可爱，现在，却成了字迹潦草，态度不正；从前，孩子做错题，我们只是一笑，现在，我们却会告诫他一定要做对，要名列前茅，否则就是不刻苦，不上进。

仅仅因为跨入了学校，孩子就长大了，一夜之间由乖变成了不乖，其实，原因只在于我们对孩子的评价标准太全了，也太高了。

本来，随着孩子的成长逐步提高对他的要求，那是再正常不过的事情，可惜的是，总是有不少家长操之过急。为了孩子的成长和进步，家长们可以通宵排队争取一个辅导班的名额；可以省吃俭用为孩子请最好的家教，争取最好的条件，不惜巨额择校费调入最好的学校，选最好的班级，可就是容不得孩子有些缺陷。

我曾见过几位家长在数九寒冬大雪飘飞的日子里徒步两三公里，只为听一堂"高考时如何当好家长"的专家讲座。在那堂讲座上，三位专家轮流上阵，告诉家长们如何采取一系列的方法保证孩子在高考前完美复习，在高考中完美发挥。

听着专家滔滔的讲授，看着那些家长们全神贯注的样子，我总感到有一些苦涩——我们对孩子的期望和要求是否有些太高了，不仅超出了那个年龄段的孩子所能承受的限度，甚至超出了一个人所能做到的限度——这世界上哪有完美的事情？

也有学生问过我同样的问题，我的回答是："平常心。"心静如水才能正常发挥，至于所谓的超常发挥，那需要一定的机缘，不是人力能够把握的。如果你心中总存着超常发挥、完美发挥的念头，那反而会成为一种负担，连正常水平也未必能达到。功利心太强是不宜走上考场的，不要说有的题超出了他的能力范围，就算在能力范围内的，也未必能得满分，我们只能通过平常的训练将这种可能性降到最低，降到一个不影响大局的范围内，但要想完全彻底地解决，对于相当多数的同学来说是不大现实的。人无完人，事情当然也不可能完美，强求完美效果可能会更糟。

家长们重视教育，说明了对孩子的重视。功成名就的家长自己再无所求，只希望孩子能像自己一样；不得志的家长在自己悔不当初的同时，紧紧地盯着孩子，生怕他同自己一样；正在为自己的事业奋斗的家长，备尝其中的艰辛，希望孩子将来起点比自己高一些，成功得容易一些，而且，孩子的学习和生活稳妥一些，家长的压力和负担自然就少很多。

所以，除了少数在滚滚红尘中摸爬滚打过来的，已经看透了人生的家长，多数人对孩子的缺陷和错误都或多或少地抱着一种对立敌视的态度，甚至视之为洪水猛兽，深恶而痛绝之。这不是一种理性的态度。

5 错误是果，
缺陷是根

我们简单地区别一下缺陷和错误这两个概念就会发现，缺陷比错误要可怕得多，因为缺陷的持续时间更长，甚至一生都未必能消除，它可以导致人们犯无数的错误，如果说在某件事上所犯的错误如人生之树上一颗腐烂的果实，那缺陷就是病在根系了。

可是，我们在前面分析得非常清楚，人是不可能没有缺陷的，那我们又何必把错误视为洪水猛兽呢？难道只是因为它体现得更具体，易于被我们发现吗？

有位家长来找我了解孩子的情况时，我非常明确地告诉她：孩子在学习方法和思维习惯上存在着严重的缺陷，一是只见树木，不见森林，捡了芝麻，丢了西瓜。例如，需要分类讨论或分条列举的题，他只要想出其中一类或一条的思路，就再也不顾其他；再如，上课时，如果某个知识点或某个环节没听懂，他就会停下来一直思考，不再跟着老师和同学们往下学，甚至后一节课都不听了。正如我前面说的，这种缺陷在一定程度上是个优点，那就是他的精神和注意力容易高度集中，容易实现知识点的突破，但如果不能将之控制在一个适度的范围里，就非常糟糕，不仅会因小失大，而且会学得很累，一上午四节课，往往第二节课还没上完，他就已经心力交瘁。

因为这位家长来校前曾打电话预约过，所以我做了一些准备，把如何认识对待这种缺陷的详细方法写出来，希望她带回去参考，其中包括：

1. 引导他更充分地进行课前准备，通过预习把本节课的要点明确地写出来放在自己面前，这样就可以给自己一个直观的提示。

2. 家长与老师沟通好，每天为他安排一个专门解决疑难问题的时间，或者给他找几个辅导老师，这样，就可以解除他的后顾之忧。

3. 家长、老师与心理辅导老师密切配合，对他进行一段时间针对性的心理辅导，让他不要患得患失。

但这位家长几次打断我的话，不断强调孩子其他科目的成绩相对还可以，就是上次英语考试作文分数太低，希望我与英语老师一起多督促。我很了解这位家长的心理，她的大女儿上大学时因为英语四级总不及格，费了好大劲才拿到毕业证和学位证，所以英语几乎成了她的一块心病。但我已经明确地告诉她，孩子上次英语作文得分低只是因为他看错了题，其实他的英语作文水平不差，可她依然抓住不放，这就有些主观了。

可见，急功近利和由此导致的浮躁冒进思想，是教育的大忌。

分析和解决孩子的问题，一定要通盘把握，深入认识。这个孩子真正的问题是不能从大处着手，眼前出现一个小问题就不顾大局了。这样下去，表面上看起来暂时没问题的科目也会随着难度的提高而出现问题。如果只是抓着一次考试的成绩"头疼医头，脚疼医脚"，那就只能穷于应付，把大量的时间和精力消耗在枝枝叶叶上，永远解决不了根本问题。

6 用辩证法的思想
来看待错误

相对而言，错误总是在具体的事情上体现，所以它确实比缺陷更直观，它的后果也就对人更具有刺激性，但实际上，缺陷是因，错误是果；错误是标，缺陷才是本。有些随机性的或者说偶发性的错误，对于多数孩子而言确实是很难把握的，那就更不能过于执着。

我批阅学生作文的时候，有时会发现许多语文功底很扎实的学生在作文里写了大量的错别字，其中有很多是小学生都会写的字。在高考语文阅卷中，错别字是要被按照字数扣分的，所以我召集这些学生开会，想了解一下情况。开会之前，正好一位外地的同行打过电话来，我们顺便聊起了这个事，他大呼有同感，我问他是如何处理的，他说无论学生有没有学过那些字，既然写错就意味着他们根本没有理解那些字的含义和用法，所以他几乎每批一次作文都要用一节课的时间给学生们详细解释纠正，照这样算下来，一个学期耗在错别字上的时间就得10～15个课时，算得我都有点发蒙。

结果，我与学生们一交流才明白，他们在一般情况下极少写错别字，只是习惯于将作文放在其他作业之后，又没有足够的时间休息，所以写作文的时候经常已经是头昏脑涨，才会写错字，而这种情况顶多也就是指导他们调整一下时间安排就可以了。

当然，不是所有的错误都可以置之不理，至少要确定它不会影响大局时才可以这么做，但我更想说的是，即便是对于必须解决的错误，我们也不必摆出一副如临大敌必铲除之而后快的阵势。家长们过于重视孩子的某些错误，甚至表现出如上情形的时候，反而会让孩子觉得这个错误很可怕，很难改正，从而失去改正错误的信心，甚至向错误投降。战术上重视敌人一定是正确的，但在战略上必须让孩子藐视敌人，他们毕竟还小，缺少一种与错误做斗争其乐无穷的英雄气概，所以，越让他们觉得错误不起眼，他们改正起来越快。你让他改正一个错别字，他会很利索地落实，你要是让他改掉写错别字的毛病，那就不是说说的问题了；你要他一天不上网，多数孩子还是能做到的，可你要是想通过几次说服教育就让他彻底改掉上网的毛病，恐怕就不是那么简单了，你碰到的阻力可能大到你难以想象：阳奉阴违的有，当面顶撞的有，离家出走的还有。不用举例子，新闻里有的是。为什么？你的要求把他吓住了，难住了，让他觉得做错误的盟友比做你的盟友要容易得多。

可惜的是，相当多的家长在这一点上沉不住气，他们的理由是考试自然带有很强的竞争性，而且是有限时间内的竞争，现在落下一步，将来就可能抱憾终身。这种想法当然是正确的，但在实际操作中，它会在很大程度上受到孩子自身情况的制约。没人敢保证沉住气就一定会成功，但沉着应对总比剜肉疗疮、拔苗助长的效果要好。

我曾给家长们做过这样一个比喻：孩子有了错误，就好比兔子伤了一条腿，假设一只伤了腿的兔子和一只正常的兔子赛跑，在后者不麻痹轻敌的情况下，前者是很难胜出的，但瘸脚已是既成的事实，不是一时半会儿能治好的，如果你一定要解决这个问题，那就只能给它注射止痛药甚至兴奋剂了，而这么做虽然可能让它在这场比赛中胜出，但却会使它付出惨重的代价。伤腿经过精心治疗，终究会好起来，但如果急功近利，可能会把它的伤腿变成瘸腿，那才是真正的抱憾终身。

所以说，帮助孩子改正错误也要讲战术，我们不妨采取"阵地战"与"蘑菇战"相结合的方式。所谓"阵地战"，是指专门针对孩子某方面的缺陷和错误，制订一个严密的系统方案，长期扎实地贯彻落实，但这么做会很累，也会让孩子们觉得胜利离自己还很遥远。所以，更应该结合实际情况，尽量把要求分解开来，多给孩子一些成就感，让他把达成上一个目标的成就感转化为实现下一个目标的动力，只要家长引导配合得法，是完全可以改正的。

曾有一个学生网瘾很大，上初中时就天天逃课上网，父母试尽各种方法，效果都不明显。我详细了解了他的情况，发现其中有三点值得注意：一是孩子本身还没有完全沉溺其中，不少情况下他也会后悔和内疚，也有改变这种情况的想法，但总管不住自己。说到底，他压根没信心管住自己，仅仅是想想而已，可有这种想法毕竟是好的，很可能成为改正的突破口。二是他上网的原因主要是好奇，因为追求新鲜感而陷于其中，并不是从内心深处就认定这是自己要走的路，也不是因为性格叛逆而破罐子破摔。三是父母之前采取的方法，无论是软是硬，具体内容有多么不同，从目标的设定上来说都犯了一个错误，那就是他们给出的目标对于孩子的实际情况而言太大、太难。

基于这些情况，我与他父母沟通后为他制订了一套计划：

1. 第一个月，把每天上网的时间控制在六个小时左右，而且最少分两次，间隔时间保持在两个小时以上。

2. 第二个月，把每天上网的时间控制在两三个小时，分两次上，间隔时间延长到五小时左右。

3. 第三个月，隔一天上网一次，时间控制在两到三小时，但一次性上完。

在这段时间里，他不上网的时候想做点什么，相对而言比较自由，只要不寻找同样具有危害性的东西作为替代品，父母一般不会干涉。我建议他找一些新奇有趣的书读一读，例如：《密码传奇》《拓扑学奇趣》《啊哈·灵机一动》《物理世界奇遇记》《趣味物理学》《人类的故事》《从一到无穷》《给讨厌数学的人》等，他喜欢看的就看，不喜欢看的也不强迫他看，不过，如果他实在穷极无聊想用睡觉来打发时间的话，父母会去叫醒他，因为戒网需要一种自我控制力，他缺少这种自控力，就得通过锻炼获得这种能力。当你集中精力戒网的时候，各方面的条件都很宽裕，如果不趁这个机会培养起这种能力，将来会很麻烦。

值得一提的是，我建议他读的书里有三本难度相当高，霍金的《果核里的宇宙》《时间简史》和萧兵、叶舒宪著的《老子的文化阐释》，如果说前两本还属于科普作品，那第三本已经属于极其专业的文化人类学著作，但是其中列举了许多非常有趣的文化现象，他居然也读进去了。搞不清楚的东西就上网去查，在这个过程中，他上网的动机逐渐开始发生变化，一是不再觉得不上网很空虚，因为相对于网络上那些肤浅的"八卦"，他找到了更新奇有趣的东西；二是他上网的时候，虽然仍有些迫不及待，如醉如痴，但已不是为了玩游戏、看小说、聊天，而是用许多的时间去查阅那些搞不明白的概念，总是泡在"百度"词条和"维基网"上；对于那些相当艰深的专业知识，网上的解释或过于通俗，或过于专业，他仍有许多搞不明白，我又建议他父母抽时间带他到附近城市的大学里去请教相应专业的学生，甚至老师，以求得一个他基本能懂的解释。渐渐地，当他发现要弄清许多高深但新奇有趣的东西，就要涉及大量高中的基础知识时，他自觉地打开了高中课本。这样，一个学期以后，他已经回到了正常的学习状态，高二文理分科的时候他选择了理科，在新的班里他保持住了来之不易的学习状态，后来考上了一所不错的大学，选报了该校的物理系。

并非所有上网成瘾的学生都这么容易就能转变，但至少对于很多初陷网络的孩子或像他一样追求新奇才沉溺于网络的孩子而言，这种做法还是很有参考价值。相对于那种直接要求孩子们尽快彻底改正的刚性做法而言，它更有实际意义。"只要功夫深，铁杵磨成针"，套用这句话的意思，我们不妨针对孩子们的实际情况，采用一种柔性战术，在孩子们可以接受的范围里与他密切配合，把他的错误逐步磨细，直至磨掉。

如果一开始就给孩子历数这种错误的危害，会使孩子认为这种错误很可怕。也许有的家长认为，孩子对错误的恐惧心理越强烈就越有助于他们改掉错误，实际上，这种做法的积极意义只有在自控力和毅力非常强的少数孩子身上才会完全体现出来。对于大多数孩子们而言，他们毕竟是未成年人，所缺乏的正是自控能力和毅力，正因为缺乏这些东西，他们才会犯错，那我们又怎么指望他们能迅速改正？

几年前我看过一档节目，一位父亲在镜头前声泪俱下地恳求离家出走的孩子看到节目后能够回家。他的孩子上网成瘾，父母为了让孩子戒掉网瘾，打骂哀求都用过了，万般无奈之下，将孩子锁在家里纯粹与外界隔绝，没想到孩子趁父母不注意破窗逃走，从此杳无音信。父亲在电视中说：已经不期望孩子能上学或者改掉网瘾，只要孩子能平平安安回来，能按时吃饭、睡觉，就再也没有别的想法了。

我想：如果那位父亲在孩子还没有陷得那么深的时候就逐步引导，可能就不会有后来的严重情况。即便孩子深陷于其中的时候，父亲不要急于求成，把孩子逼上梁山，而是采用稳扎稳打，步步为营的做法，把孩子一步步地拉出来，固然要花漫长的时间，甚至可能错过了中考、高考，但至少不必满世界找孩子了。

错误若已是既成事实，那就不可能以我们的意志为转移，不顾实际地强行压制消除，只会适得其反。如果说孩子的错误相当于一场洪水的话，我们不妨遵循这样一条原则来治理：堵不如疏，疏中有引。强行压制不如适当疏导，先泄去它的力道，再加以科学的引导，让这种错误成为一种资源，一笔财富。

不知道为什么，每当处理孩子们的错误和缺陷的时候，我总会想到著名的治水专家李冰修筑都江堰时的指导思想："遇湾截角，逢正抽心。""遇湾截角"指修渠时遇河流弯道，在凸岸截去锐角，减缓冲势，使其顺直一些，减轻主流对河岸的冲刷；"逢正抽心"就是遇到顺直的河段或河道叉沟很多时，应当把河床中间部位淘深一些，达到主流集中的目的，使江水"安流顺轨"，避免泛流毁岸、淹毁农田。他巧妙利用了河流的流势和其他自然条件，将难以驯服的江水变成了灌溉四川平原千里沃野的宝贵资源，成就了世界水利史上的一个奇迹。这对我们无疑有着巨大的启示：我们不仅要帮孩子们改正错误，而且要想一些办法将这种错误转变为一种资源或财富，从而挽回孩子们因错误而产生的损失。

如果把他们的错误单纯地作为一种对立因素，会直接增加帮助他们改正错误的困难。例如，孩子们辛辛苦苦写一篇作文，结果跑题了。一般来说，老师会告诉孩子跑题了，然后指明正确的思路。但是这样一来，孩子之前辛苦写成的作文基本上就废了，起不到太大的正面作用了。这不仅会对孩子的积极性产生负面影响，更重要的是使孩子白白浪费了许多宝贵的时间和精力。所以，我碰到这种情况的时候，先不按照题目要求纠正他的思路，而是和他一起分析一下，他的这篇习作对于什么样的题目来说是正确的，也就是说不改内容改题目。这样，学生虽然把题做错了，但他还是会有足够的收获，绝不比他做对这道题的收获少。

有一年我给毕业班的"边缘生"补课时，给几位同学布置了一道作文，话题是"舍得"，后来面批的时候发现有位同学的立意是拒绝诱惑，严格来说这有些跑题了。但是如果直接否定又有些可惜。我们认真分析了他这篇作文对于哪些命题作文而言是不跑题的，想到的话题有："面对诱惑""心灵的抉择""对××××说'不'"等。在这个过程中他想到一个现象，是说用电脑打字快捷方便，还不必担心哪些字不会写，因此，许多人放弃了书写，导致拿起笔的时候满脑子都是"全拼"或"五笔"打字法，就是写不出一个工整的汉字来。当时我觉得这一点很贴近学生的实际，就要求他进一步延伸拓展，由此他整理出来许多相关内容：能打字谁还写字，上网就能查出"答案"谁还自己解答，能买便当谁还做饭，有个好爸爸谁还学习数理化等，然后我们一起利用这些材料对他的作文做了进一步修改。

　　没想到的是，那年高考的作文题正好是材料作文，材料是一幅漫画，几只猫享受着摆在面前的鱼，嘲笑另一只努力捉老鼠的猫，说："有鱼吃谁还去捉老鼠。"

　　刚考完语文，他就给我打电话，说作文连写带检查总共用了不到40分钟，基本没费脑子，而从高考成绩看，他的作文也确实拿到了相当高的分数。

　　如果在辅导作文的时候，我直接否定他的思路，然后引导他把我布置的那篇习作写好，那可真得不偿失了。

　　后来我经常对学生说："改正错误当然是必要的，但改正的时候最好能想一想，它在什么情况下可能转变为一种财富，我们该如何实现这种转变，千万不要因为它是错误就弃之不顾，那不划算。"

　　做任何事情，辩证法的指导都是必要的，当我们准备处理孩子的错误时，也应该想一想，是否能够变错误为财富，化腐朽为神奇。家长们花在孩子们身上的心思，有很大一部分是针对孩子们所犯的形形色色的错误，或苦口婆心地劝导，或严阵以待地强制改正，有某些特定的条件都可能产生不错的效果，就连我们一贯反对的体罚有时也能让孩子在一定程度上改正错误。可是，我们是否想过，错误也可能成为一种资源，不要因为急于让孩子改正而忽略了其中的价值。

7 绝大多数错误都能
被转化为一种可利用的资源

由于兼任班主任，天天都要面对孩子们的错误，不只是学习上的，更多的是他们生活中的错误。在处理这些错误的过程中，我发现，只要我们深入思考，认真分析，巧妙引导，换一个角度去看待和处理，绝大多数错误都能够被转化为一种可利用的资源。

我曾处理过一次班内学生打架事件，事情的起因很简单，两个人往日无冤近日无仇，只是因为一件鸡毛蒜皮的小事，一言不合就大打出手。在教室里打架，无疑是很严重的错误了，但我没有立即处罚他们，只是先调解他们的矛盾，防止他们再次发生冲突，然后告诉他们，一周后宣布处理决定。

在那一周里，我详细分析比对了他们各方面的情况，制订了这样一套处理方案：

同学A性格冲动，但很服理，只要把道理给他讲清楚，他一般不会再犯同样的错误；至于性格冲动，那是缺陷不是错误，需要慢慢调理引导，不必上纲上线。倒是他这段时间因为物理学得很苦，心理压力大，所以我让他做两件事：一是画出两人打架过程中身体各部位在各种姿势下的受力分析图；二是做一个沙袋，担任保管员和同学们发泄压力的"专业指导"。

同学B性格开朗，爱与人开玩笑，但有些大大咧咧，这次打架就是因为他与对方开玩笑没注意言辞。他的错误该怎样转换为一种有价值的资源呢？我为这个与他开诚布公地商量，最后他自己提出了一个想法，这次打架事件是因为他开玩笑时口不择言没有顾及对方的感受，要说开玩笑本身还是没有什么错误的。如果以后能够细心了解同学们的情况，他的这种习惯反而可以成为同学们的一种"开心果"，帮助同学们释放高强度学习带来的压力，于是，他想与同学A一起担任"心理委员"——这是他自己想出来的一个新名词——共同帮同学们宣泄压力，调解心态，这样一来，班内再无打架事件。

错误并不可怕，实际上它也不是我们要关注的重点，因为那已经是既成的事实，无论我们怎么做都不可能改变，我们的心思应该用在如何将孩子们犯的错误转化为一种资源上，这样，我们的教育就不会因为错误而增加无谓的阻力，而是因为孩子们的错误而变得精彩。

有位家长曾托朋友问我，孩子平时学习不努力，考试总喜欢作弊，被抓住好几次，受到全校通报批评，老师和家长想了很多办法也不见效，学校已经想着劝退了，该怎么办？我建议他们，既然难改，索性先别让他改，告诉他，要论作弊的高手，得算间谍和魔术师，那才是作弊的最高境界，然后找一些书籍和影视资料，引导他了解作弊的关键不在偷偷摸摸，而在于高超的技术和丰富的学识，在这一过程中，家长不妨就陪他玩这种"猫捉老鼠"的游戏。后来，他逐渐喜欢上了物理和化学，他喜欢化学的原因就是因为"密写"[1]。为了研究作弊被发现的概率，他又喜欢上了数学，当他一头扎进各门功课中的时候，就已经没有作弊的必要了。

也许，这个案例可以给大家一些启示。

---

[1] 一种保密的书写方法。用特制的不显像的药水写在纸或其他材料上，约定对方用特殊方法处理，使字形显现。

3
PART

评价孩子是
一件神圣的事情

1 评价体系不单一，
孩子才能散发出各色光芒

（1）负面评价，会让孩子在心里拒绝长大

每个孩子，从他呱呱坠地时起，到嗷嗷待哺，咿咿学语，蹒跚学步，都生活在一个温馨而充满了赞赏和鼓励的环境中。在这一阶段，他们得到了无数次的赞扬和鼓励。他会笑了，他会翻身了，他能自己在床上爬了，他能喊"妈妈"了，他能喊"爸爸"了，他能站起来了，他能自己走路了，他能拿起笔来画画了……所有这一切都让父母欣喜若狂，哪怕孩子只是因为喜欢听纸张翻动的"哗哗"声而搬弄着书本，你也会觉得这孩子这么小就喜欢书，长大了一定很好学。

你所有的这些想法，都会自觉不自觉地通过语言甚至是通过你的表情、语气和动作表现出来，"我们家孩子真棒""我们家孩子真聪明""我们家孩子将来一定有出息。"这样的话，哪位家长不是发自内心地说了无数次呢？孩子感知到这些信息以后，非常明白自己受到了肯定和鼓励，于是，他会更努力地激发自己的潜力，表现自己，以求得到更多的肯定和赞美。在这个阶段，他的动力是极其充足的，每一个孩子都表现出异乎寻常的探索、求知、体验、拼搏、突破极限的欲望，每一个孩子都体现出无穷的潜力和无限的可塑性，的的确确让人觉得他们的未来一定是令人满意的。

这样的情形会一直持续到他们走进学校，更确切地说，是到他们进入一种比较评价体系为止。因为，从这一刻开始，家长们会在比较中逐渐对孩子产生一种更为明确的和量化的评价，例如是否比其他孩子更听话，是否比其他孩子更努力，是否比其他孩子的成绩更高，到底高到什么程度，等等。

这本来是好事情，家长通过比较，更具体、更清晰、更系统、更理性地掌握了孩子的情况，就可以有的放矢，因人而异地培养。但现实中，这一阶段却成为最让人揪心的一个阶段，其中潜藏着巨大的危机，那就是家长对孩子的评价中突然出现了许多负面评价，而且，这些负面评价又来得实在太快也实在太多，使一直在顺风顺水的感受中成长起来的孩子们忽然被一股逆风吹懵了，不知道该怎么办，甚至产生了逆反心理。

有一次我到外校交流学习，无意间看到了该校一位老师的孩子在办公室写日记，他写道：

小时候，我说云彩是春姑娘的裙子，妈妈说："你真聪明。"现在我也这么说，老师告诉我不对，妈妈也说我傻，云明明是水蒸气聚集在小灰尘上形成的，怎么说了多少次也记不住。小时候，我不喜欢吃菜，妈妈就给我做肉和鱼吃，说"我们家孩子真聪明，现在就知道挑有营养的吃"；现在我不爱吃菜的时候，妈妈说"你怎么这么不听话，这么大了还挑食，好孩子不挑食"；小时候，我跑步摔倒，妈妈说"你能跑这么远了，真棒"；现在我在上体育课时跑步总落在后面，妈妈说"你怎么这么笨，连这个都跑不下来"；小时候，我画画，妈妈说："你画的真好看，长大了一定能当画家。"现在我把画给她看，她总说我："长这么大了，连个圆也画不圆？"我讨厌长大，讨厌长大，长大了我就成坏孩子了。

当时我很想对这个孩子说："其实你真的不是个坏孩子。"姑且不说本来就不存在什么好孩子坏孩子；就算真的有，可因为害怕变坏而不愿意长大的孩子还能是坏孩子吗？哪个孩子不是希望自己快快长大，这样就可以做自己喜欢做的事？有几个像他这样只想做个好孩子，只想通过自己的努力得到别人肯定的？别说小学生，高中生、大学生能有这种想法的也真不多。

孩子没有变坏，是我们的评价体系把孩子们评"坏"了。

现在许多学校也注意到了这一问题，纷纷改变评价方式，一个总的原则是对每个孩子的评价都要寻找其"闪光点"，一分为二地评价，不要只凭分数就将孩子"一棒子打死"。例如，许多幼儿园就将评比标准多元化，设置了"勤劳好帮手""智力小博士""聪明小天才""友爱小朋友""孝顺小明星"等诸多奖项。每次评奖，人手一份，皆大欢喜，但这并没有实质性解决问题。家长们很清楚，真正有决定性意义的评价是作业本上的"勾"和"叉"，他们对孩子进行评价的依据也还是"勾"和"叉"。

（2）过于功利的评价最伤孩子

我曾在校园里亲眼见到这样一幕：

放学了，家长们纷纷接上孩子回家，有个孩子看见不远处有一个果核，跑过去捡起来想扔到垃圾箱里。衣着体面的母亲追上孩子，一把打掉了孩子手中的果核，狠狠地拖着他向校门口走去，边走边骂："真不嫌脏，捡那个做什么，给你个'学雷锋标兵'就不知道自己是做什么的了，难怪上次考试还是满分，这次就成了98分。不赶紧把落下的课补起来，长大了去扫大街，有你捡的……"母亲的骂声被孩子的哭声盖住了，但很快有更高的声音传入我的耳中，"哭什么哭，做什么有理的事了？再做那没出息的事，就重找一个妈吧，我跟你丢不起这人。"

我真想劝那位母亲冷静地想想，到底是谁没有理？谁丢人？

在我与家长的谈话记录中太多地出现了下面这些"家长语录"："小时候很听话，越大倒越不懂事了。""你就是个讨债鬼，我上辈子欠你的。""孩子脑子笨，跟他爸一样，死脑子，一根筋。"

如果这些话是用一种玩笑的口吻，或者在某些特定的情境中说出来，倒也无伤大雅，有时反而能起到拉近感情距离的效果。但在研究分析孩子的情况，特别是孩子本人在场的时候，这些话对孩子有多大的伤害，我想是不必多说的了。

当然，随着教育科学的普及，不少家长开始注意不用生硬的话语评价孩子，这是一个非常好的现象，它至少可以不对孩子的心灵造成巨大的伤害，但依然令人担忧的是，一些当时看似微不足道但隐含威胁的"软伤害"依然存在。

2 最常见的几种
容易伤害孩子的评价方式

（1）否定孩子的希望

希望是孩子奋斗成长最主要的动力之一，如果他们被告知自己的希望没有办法达成，而又无法树起一个新的希望，那么就很有可能走向消极。

例如，当还在上小学却已经近视的孩子兴冲冲地跑来告诉你，他想做宇航员的时候，你是否会很现实地告诉他，近视眼是不可能做宇航员的，当个技术员还可以。也许你可以列出无数条理由说明现实比理想重要，但我们忽略了一条，那就是他想做宇航员也许是为了亲身体验一下置身于群星之中的感觉，是为了亲眼看到那个"大球"飘浮在虚空中，是为了亲身体验一下自己不用翅膀就能飞起来。对于一个孩子来说，这些才是最有诱惑力的，至于这个理想是否现实，根本不在他考虑的范围内，你只要告诉他"好好把握自己，努力奋斗，你可以'飞天'"。这就行了，如果能把生活和学习中的诸多方面与他的这个梦想联系起来，告诉他那是实现梦想的必备条件，那就更好了。他会充满希望地奋斗相当长的一段时间。至于他填报志愿的时候，也许早已有了新的理想，即使还坚持那个理想，他的心理素质也足以接受现实，何必要早早地把他们希望的肥皂泡吹破呢？

　　早早地否定孩子的想法，等于对孩子作出了"终审判决"："你这辈子没这个命了"，我当时能很明显地看到，孩子听了父亲的话以后立马蔫了，于是我急忙插口："你爸跟你闹着玩的，你好好学习，将来发明一个近视眼也能开的飞船，照样飞上去。"孩子兴冲冲地上学去了，结果我朋友还埋怨我，觉得这样对孩子没好处。我给他解释："一则孩子的世界本身就是一个梦的世界，他长大了自然会逐步地将梦与现实有机协调起来，确立一个合理的目标；二则你说孩子的想法不可能实现，那我刚才说的话有没有可能实现？如果所有人都告诉少年邓亚萍说就她那个子别想打乒乓球了，后果会如何呢？"

　　有一次我在操场散步，看到一个女生坐在草坪上无精打采地拔草，当时已经快上晚自习了，我走过去问她怎么回事。也许是因为陌生人反倒容易沟通，她向我倾诉，她想考北京邮电大学，她一直很喜欢那个学校，但是她的成绩很糟，连全班前三十名都进不了，老师和家长都说她这个目标不现实，让她转到了文科；结果因为数学和英语不行，还是进不了前三十；父母不想让她补习，又让她报艺术类院校，可她对艺术类专业实在没兴趣，这几天就一直请病假在外面晃悠。她问我该怎么办，我说："上不了北邮，你可以去北邮当老师啊。相对而言，文科的竞争确实比理科弱一些，你的机会就多一些；而且现在进不了前三十，明年未必就考不上，世界上没有绝对的事情，没人敢说你行，但你是否就一定不行呢？古人的话最精辟：事在人为。只要坚持，是会有奇迹出现的。别人做不到那个程度，就觉得是奇迹；你能吃别人吃不了的苦，那它就是水到渠成的事。退一步说，心中有梦，为之奋斗，即便失败了，总比坐在这里欺负草强吧。草长不成树，但它也有生长的梦，以己度人，你别给人家灭了啊。"她抱歉地笑了笑，把脚下一堆碎草埋好，忽然问我："你说明年这里还会长出草来吗？"我说："没听过野火烧不尽，春风吹又生吗？给草坪一些希望，也给自己一点希望，明年高考成绩下来，我们还来这里看草。"

　　第二年高考成绩出来后，我果然在那里见到了她，她很高兴地对我说，那次分手后，她好好学了一年，父母和老师看她后来发展得不错，就没有坚持让她报艺校。这次高考，她虽然没有达到分数线，但已经差不多了，她准备复读一年，争取考个好学校，即便将来去不了北邮，也不会像去年那么消极了，"只要有希望，总会有属于自己的路。"

（2）在不适合作出明确评价的时候具体地评价

期中考试的前一天，新来的一位女同学来找我说，不想参加期中考试了，理由很简单，没信心了。按照她的说法，高一的时候觉得自己也算是个好学生，但分到这个班后发现许多学生疯了一样地学，加上之前摸底考试成绩不是太理想，所以有点不敢上考场了。

我没有直接切入她关心的话题，因为我注意到一个细节，她和我说话的时候眼睛一直盯着自己的脚尖。我对她说了这么一番话："考与不考是你自己的选择，你的这种心情我很理解，但是我帮不了你。不过，抬起头来看看天空吧，把自己的心放大一点。你盯着自己脚尖的时候，你的心也只有脚尖那么大。这么一点心理空间，能承受得了高中的学习和考试的压力吗?看天空的时候，你的心也会像天空一样无限变大。这个时候你就会深刻地体会到以前常听的一句话的含义，'世界上最辽阔的是大海，比大海更辽阔的是天空，比天空更辽阔的是人的心灵'。"她抬起头，我与她一样抬起头，围城一样的校园熟悉得让人有些厌烦，但繁星莹莹的夜空却总有一种神秘感，启示着人们对世界的认识和体悟，我对她说："天空见证了古往今来多少艰难困苦和奋斗抗争，无论多么艰难，生命的脚步一刻也没有停止。你想想，我们的心灵既然比天空更辽阔，难道还经不起一次考试吗?"

她的呼吸悠长而平稳，听得出来，她的心态好多了。我送她回宿舍的时候，她对我说，这是她第一次鼓起勇气对老师说这样的话。我的回答是："那就鼓起更大的勇气去面对考试，再鼓起更大更大的勇气去面对考试以后的成绩和学习之路。记住一句话：你的真正实力永远比自己想象的要大得多。"

成绩揭晓后，她的成绩并不像她原来想的那么惨不忍睹。

像这个孩子的心理状态，无论你说她行还是不行，都是无济于事的。说她不行，固然会对她形成二次打击；但说她行，她也不会相信，那只能是一种形式上的鼓励，起不到任何实质性的效果，否则她也不可能想逃避考试。如果简单说一句"你能行"就可以解决问题，那教育就简单多了。

这种情况，更多的是出现在男孩身上，特别是成绩相对较差，自控力较弱的男孩，他们极易因为觉得自己不行而厌学，即便你告诉他有希望，依然无法解决问题。在这种情况下，你说他行只能让他觉得你身为长辈不够真诚，还不如哥们告诉他没希望了，然后一起去放纵。

在这种时候，我们需要做的是首先耐心细致地帮他分析他的情况和处境，设法让他明白许多时候问题的关键不在于行不行，而在于是否肯做，如何去做；帮助他恢复信心，坚定信念，给予他们面对现实稳扎稳打逐步上进的勇气和动力；然后，更为重要的是，要随时跟进，不断地鼓励他，帮助他，对于自控能力较差的孩子，甚至需要持续地监督他。

所以，很多时候，我对我的学生做工作，不是对他们作出评价说行不行，而是鼓励他们去拼，与他们一起唱《爱拼才会赢》和《铿锵玫瑰》。

这两首歌共同的特征是不论成败，强调拼搏奋斗。有时候，与其费尽心思地评价他，还不如让他知道：没有什么能吓得住我们，除了我们自己；没有什么难得住我们的，除了我们自己。

（3）将不恰当的横向比较作为评价的依据

我曾经看到过一个孩子写给父母的一封信：

爸爸妈妈，请不要把我和别人比。

如果你是父母，那你一定把自己的孩子和别人的孩子做过比较。每次也一定把别人的孩子说得很优秀，而不顾在一旁的自己孩子的感受。把自己的孩子说得一无是处，说得心情一落千丈。而你却说是为了孩子，目的是为了刺激孩子，让孩子发奋学习。可如果你是孩子，听到父母这样数落，你会怎么想呢？可能会想："原来我在父母心中那么差，他们心里肯定不喜欢我，只是出于自己的责任才抚养我。"也可能会想："可恶，那个人什么都比我好，父母一定喜欢他，根本不喜欢我！"于是心中的悲愤、嫉妒油然而生，恨不得把那个人狂揍一顿，可又发泄不出去，越积越多，指不定哪天便离家出走或自杀。难道父母希望看到这样的结果吗？可父母似乎并没有发现这么做的后果，依然我行我素。

现在，听一听我的故事吧。我原本和姐姐是一对好朋友，可从那天起便不是了。有一天，妈妈和姐姐的妈妈坐在一起谈话，讲起了自己的孩子。说着说着，妈妈便叫来了我。她指着我的头发说："我女儿的头发又短又细，还蓬松，看起来挺多，用手一捏少得可怜。"我心灰意冷，希望落在了姐姐的妈妈身上。可她却说："是啊。"说着扯了一下我的头发，"我女儿的头发又长又粗，手一抓，一只手还捏不完呢！"我听了，心中充满了愤怒，泪珠掉到了地上，无声无息。这天晚上，我梦到了魔鬼抓走了姐姐，一根一根地拔着姐姐的头发。姐姐成了光头，我在一旁哈哈大笑。

我不知道家长朋友们看了以后，是否也会像我一样感到害怕。

有比较才有鉴别，这固然不错，但什么时候进行比较，如何比较，是一个需要我们认真思考的问题。

我曾教过的一个学生，某次考试进步了五名。这已经是他第二次取得进步了，我趁热打铁鼓励他，他也表现出十足的信心。谁知道第二天就有老师向我反映，他堂堂课都在睡觉，被老师叫起来后也是一副无精打采的样子，好像丢了魂一样。我很奇怪，因为他已经有好几个月没有这么消极了，把他叫来一问才知道原因。

上次考试进步后，他挺有成就感，回去告诉母亲，母亲说："别高兴得太早，你前面还有很多人。"他自己想想也觉得有道理，于是再接再厉，昨天晚上，他又一次把"喜讯"告诉母亲，结果他母亲又来了句"离高考就剩两年了，你才考了这么点，看来是没什么希望了。看看你大姨家的孩子，从来没出过全校前十名。我和你爸商量，等到时候人家考上大学了，也让你去送送，看看名牌大学是什么样子。"这话本来是随口一说，也是一种关注，一番好意，一种激励，但言者无心，听者有意，在孩子看来，这其中至少有三重评价是他很难接受的：

①应届高考是没什么希望了；

②自己在可以想到的未来恐怕是很难比得上人家了；

③到高考成绩揭晓，大学新生入学时，自己就是个反面陪衬。

他的这种消极状态持续了将近两个月的时间，后来的考试成绩可想而知，我和其他老师费了好大力气才解决。

我曾深入思考过，也试验过两种比较方式的不同，结论是：

纵向比较更有利于让孩子获得实实在在的成就感，而且通过今昔对比，又不容易让他们有骄傲情绪；即便是对于今不如昔的学生，纵向比较也是合适的，因为这样做让他明白自己曾经达到过那个高度，不至于没有信心。

横向比较不是不可以，但把握起来难度确实很大，特别需要注意的有：

①双方要有充分的可比性，不能只抓对比点而不及其余。例如，将两个人的成绩做对比，要考虑到两人的基础、状态、方法、反应、记忆力乃至环境和条件等方面。我有一个学生就曾经向我诉苦："爸妈总说我的成绩越来越差，一个亲戚的孩子越学越好，可我家自从搬到临大马路的房子里，车来车往吵得我晚上连觉都睡不着，怎么学？"

②千万别用一方的强项比另一方的弱项。拿孩子的强项比别人的弱项，容

易让孩子骄傲大意；拿孩子的弱项比别人的强项，又容易让孩子丧失信心，甚至激起孩子的逆反心理。

③横向比较时更要注意分析。要分析说明比较的原因、项目、标准、依据、方法、结果等，至少要让孩子觉得有比较价值，而且可以接受。

我教的是普通班，就经常鼓励孩子们和精品班比，有的孩子叫喊没有可比性，我给他们解释：和精品班比未必一定要比成绩，能进入精品班的学生，肯定是有一定的过人之处，这是长期努力和科学训练的结果，也可能有一些先天因素和后天条件的影响，我们短时间内要赶上或者超越他们，肯定不太现实。但是，我们不妨这样比：不比成绩比努力，不比名次比习惯，不比水平比境界。例如，普通班有不少同学能体验到学习本身的乐趣，那就比精品班一些为成绩而苦学的同学境界高一点，这就是论语说的"知之者不如好之者，好之者不如乐之者"的道理。我们不妨就和他们比一比看能不能在学习中找到更多的乐趣。而且学习与成长本身是一个动态的过程，现在不能和他们比成绩，是因为从前比他们差，那就不比现在比将来。

这就是一种横向比较，通过分析，将它转化为一种激励和期待，使评价不只是作为一种对既定事实的表述，而成为一个新的起点，它的意义和作用就会更大。

很多家长，从来不会吝惜在教育上费口舌，但许多时候只是在重复唠叨，或者单纯地比较评价却从不分析，孩子根本不明白这样的比较究竟对自己有什么意义，这样一来，他们就很难信服，至少不能理性地对待评价，甚至会觉得父母的评价是一种"精神暴力"，进而产生逆反心理。

3 如何正确有效地
对孩子进行评价

不少家长问过我，该如何处理孩子在课堂上说话和做小动作的问题，我把自己处理这个问题的基本思路扼要摘录，供大家参考：

首先，与孩子一起梳理一下他近期的学习与生活情况，找出其中的"闪光点"，进行真诚的肯定与鼓励，消除他的紧张与防备心理，拉近关系，为接下来的谈话创造一个良好的基础。

切入正题的时候，也不要直接指出他上课的时候说话做小动作是错误的。这一点尤其要注意，越是低年级的孩子越不要这么做，因为许多孩子确实未必能真正明白这一行为的危害。所以我一般不这么说，而是用另一个词来替代——"奇怪"。这么说有两个好处：一是它不像"错误"显得很生硬，暗示他我不是来批评你的，是与你一起来分析我们该如何认识这个问题的，容易消除他的紧张和对立情绪；二是容易引导孩子的注意力，他的心思从这里开始一般不会用在为自己的行为辩解上，而是放在了"为什么说这种行为是奇怪的"。

既然是分析，就一定要客观理性，辩证地思考认识，不要直接盖上个"错误"的帽子，那还叫什么分析。这么做会前功尽弃。首先承认这其实是很正常的。他正处于充满激情，充满活力，尽情体验生活的阶段，自然渴望有更多的交流。如果他是小学生，你可以说："这么做本来也是个很有趣的事，我小时候也这么做过呢。"如果他是中学生，就可以说得深刻一点，例如："你不满足于在课堂上单纯地充当学生的角色，因为这种角色都是受约束的，被动的，而希望能更为独立，更为自由地体验生活。这说明你有了更多的自主能力和自主意识，说明你在成长，是好事情。"

然后点出问题的关键，那就是这种行为隐含的一组矛盾：渴望自由与受到管制。到底可不可以不受约束？自由到哪个程度是比较合适的？这也就是为什么说他的行为奇怪但未必是错误的原因。

在这个环节里，多数孩子和家长能够达成以下共识：

现实地说，这一矛盾很难得到恰当的处理。如果单纯就学习而言，那最好是一句话不说，自己时刻警惕，家长老师严防死守，但这也并不合适，它违背了孩子成长的正常规律。不少孩子也确实做不到。如果放纵不管呢？更不行。

那就不妨制订一种弹性的策略，把原则性和灵活性较好地结合起来。例如，我的做法是把相关要求分为硬性和软性两种。硬性的是不讲任何理由必须执行的，例如老师讲课的时候不可以说话。如果违反了就要受些处罚。当然，处罚不等于打骂，你可以要求孩子把老师讲的内容尽量给你复述一次，复述不出来可以带孩子去找老师补习一下，然后再让孩子复述。这样既达到了处罚的目的又弥补了那节课的疏漏。注意，在这个过程中家长千万不要扮演"执法者"的角色，要不断帮助、引导和鼓励孩子回忆当时的内容，力所能及的时候也可以进行适当的补充，整个过程应该在一种和谐的氛围中进行。更不要让这种做法成为一种变相的体罚，例如，让孩子把与那节课相关的题做多少多少道。

软性的就相对宽松一些，比如自习的时候尽量少说话，但这也要有个相对明确的标准，如果多次超过了这个标准，那就考虑用硬性标准对待。

制定标准的时候，一定要与孩子商量着办，既不能强硬要求又不能有不合理的迁延让步，双方寻求一个尽量合理的结合点。

这样一来，最主要的问题就解决了。但还有一些必要的补充工作要做。

首先要给孩子解释清楚，这么做是为孩子的成长考虑。严厉的惩处固然可以快速见效，但这是治标不治本。与他分析商量就是希望让他既能很好地学习，又不至于受到太多的约束而变得死板。不要认为家长不用强硬措施就等于纵容。

其次，孩子既然出现这种情况，就说明他可能确实有这方面的需要。上课的时候不让他这么做，最好能安排一点机动时间让他自由一下。如果在课外时间他也得不到合理的自由，那效果就会大打折扣。

第三，如果有的孩子在这么做之后仍然阳奉阴违或者我行我素，那就得考虑采取一些更为强硬的措施，比如认真且严肃的批评。很少批评孩子的家长一旦进行批评，无须多么严厉，已经足以引起孩子相当的重视。

另外，从孩子人格发展的角度考虑，还要把其中涉及的人际关系因素也给孩子讲清楚。年龄比较小的孩子可以简单涉及一下，比如"和小朋友说话也会影响他的学习，你忍心他耽误了学习吗？"年龄较大的孩子就说得深一点：任何身份都伴随着一定的责任和义务。我们渴望想说话的时候就有说几句话的权利，那么，我们是不是也有义务保证别人渴望安静时也能得到安静呢？而且，从各方面帮助朋友养成好习惯，学到新知识，得到新进步，完善品质，提升境界也是你作为他朋友的责任。在这一过程中你自己就可以收获很多。

从这个方面做工作也可以解决另一个问题，那就是有的孩子是被动说话，比如当同学与他说话时他不好意思回绝。

希望家长们不要省略这一步，因为健全的人格是任何一个孩子都必需的。

如果有的孩子只在学不感兴趣的科目或者所谓"副科"时说话，家长还要做以下两个方面的工作：

①与老师联系，帮助孩子在该门科目上找到一些兴趣和成就感；

②让孩子认识到在尊重老师和同学上是不存在科目区别的。

最后，还应该有长期的监督，有两次甚至多次面对问题的心理准备，因为孩子们本身就有很大的反复性，不必觉得一犯再犯就是不可教育。

我想特别强调一点：对孩子作评价时，一定要有一种神圣感，要意识到你的评价对他有多么重要，对他的影响有多大。所以，不仅要认真、详细、深刻，而且要充满尊重，千万不要有任何恶意，更不能有什么惩罚的心理，最好连生硬的词句都别用。即便万不得已要列举一些事实或假设某种可能，也只是客观冷静地表述，不要带出你自己的负面情绪。

例如，我在上面的评价和分析中并没有直接告诉他们这是一种错误行为，而是说那是一种奇怪行为，引起他们的注意，然后一点一点不厌其烦地分析，让他们自己逐渐意识到其中的错误，即便是在做结论的时候，仍然是用"只要保持一种尊重，说话本身并不是一个值得讨论的问题"来暗示，这样更容易让他们接受。

当你让孩子们感受到你把评价他作为一种神圣的事，他就不会心不在焉，不会置若罔闻，而是充满虔诚地聆听你的话，体会你的用心，尽量去接受。用你的虔诚换得他的虔诚，他会觉得这不是在被你批评，不是在被你居高临下地压制蹂躏，而是在和你一起为他的未来而努力，那样评价才能真正地起到总结过去、开启未来的作用。

曾有读者建议我列举一些评价的注意事项，例如多用哪些话，不用哪些话；应该有怎样的语气和神情，避免哪些语气和神情，等等。但我思考再三还是没有这么做，既然评价是一件神圣的事，那么就需要全身心地投入其中，一旦你过于刻意地设计，就会显得做作。孩子的心是非常敏感的，当他感觉到太多刻意设计的痕迹时，他会怀疑你的真诚，那效果会大打折扣。

但一些必须遵循的原则可以列出来供大家参考：

放下手头所有的事和心中一切无关的想法，未必要多么严肃，但一定要认真，全身心地去做，否则，孩子们会觉得你并没有太把他当回事，这是评价的前提。

要推心置腹，把你最真实的想法对他解释清楚，也要倾听他内心最真实的想法，从中找到一个最佳的结合点作为评价的标准，而他内心的真实想法，也是评价依据的重要组成部分，只有做到这一条，才能最大限度地保证评价的正确性。

要客观实际，实事求是，千万别求全责备。评价标准一定要根据实际情况来定，不但要考虑到孩子的实际情况，还要考虑到环境和条件。例如，当孩子已经相当努力时，就别说什么"还是没有拼尽全力""还是没有达到你的最高水平""还是没考第一"，现实中有几个人能总是这么完美？

评价一定要和分析指导结合起来。单纯的评价，无论其效果是积极的还是消极的，主要是对孩子们的心理和情绪发生作用，真正要收到实效，必须有分析指导，例如你评价孩子的成绩时，和他一起分析一下还有多少潜力可挖掘，而且分析本身就可以在很大程度上削减评价的负面影响。

如果你把评价权适当地放给他自己，也就是让他把批评与自我批评结合起来，与孩子在评价中磨合，在磨合中评价，那效果会好很多；如果能把评价与祝福、激励（但未必要奖励）、期待结合起来，那效果就更好了。

最好有一个长期的、系统的、全面的评价机制，不要即事评价，也不要事事评价，更不要随意地改变评价的标准，免得孩子无所适从。

4 · PART

有一个正确的教育理念，
制定一个明确的教育目标

1 家庭教育就是父母用正确的爱来建立起孩子对自己正确的爱

　　一位家长对我讲，他家孩子还只有十几岁的时候就不好管，于是他就把孩子吊起来用钢条打。开始效果还不错，于是这种方式就固定下来了。但孩子总会犯错的，犯了打，打了犯，犯了再打……一直打到孩子习以为常了，后来居然一边挨打一边说："打打就行了，你还真把我打死啊，打死你还得再生一个。"我心里一凉，这个学生完了。

　　当这个家长问我该怎么办的时候，我只能说："你打了十年练出来的孩子，他的心已经比螺纹钢还硬，现在想扭转，太难了。办法也不是没有，但是一需要时间——漫长到不知多久，足以考验任何人耐心的极限；二需要智慧和技巧；三，最重要的是爱心，这也是最难做到的。在这种情况下你还想让他在短短几年时间里就转变成一个好学生，我不敢说没有人能做到，反正我做不到。我现在唯一能做的是尽量温暖他那颗冰冷的心，别让这颗心进一步扭曲。"

　　可这个家长居然对我说："考不上就考不上吧，我现在就指望他别再闯祸，混个毕业证打发出去就行了。"

　　我说："你不光是生下他这个人，也生下了他的心，他有心你却不拿他的心当回事，这不是你指望不指望，他惹事不惹事的问题了，他有这样一颗心，会痛苦一辈子的，这就是你为他准备好的路吗？那你把他生下来做什么？"

虽然绝大多数人都以为打骂已经成为一种被淘汰的教育方式，但实际生活中这样的情况屡见不鲜。这些家长有一个情况是相同的，他们都没有认真思考这样几个问题：究竟什么才是教育，我们到底要通过教育达到什么样的目的，我们该如何教育孩子。一言以蔽之，就是教育理念的缺乏和错误。

我常常对家长说："我们是教育孩子，不是培养特种兵，用不着动手。"

我们经常会有这样一种想法：我爱你，我做的一切都是为了你好，所以你必须听我的。正是在这样一种思想的支配下，我们会作出一些让孩子们非常反感的事情，比如唠叨数落、训斥、打骂、跟踪、看管、支配、包办、制定"达标"式的奖惩机制，等等。

刚才那个例子中的家长没有意识到，父母的爱和以身作则决定了家庭教育质量的优劣。美国教育家派克在《少有人走的路》中曾经说过这样几段话，我摘录出来与大家共享：

"让孩子学会自律，也需要时间。不把精力用在孩子身上，与孩子相处的时间少得可怜，就无法深入了解其需要，就不知道他们在自律方面还需要哪些条件。最后，到了危机时刻，孩子的错误导致我们恼怒，我们就会把满腔怨气发泄出来。我们根本不愿去调查问题的本质，也不考虑哪种教育模式最适合。父母习惯用严厉的体罚教训孩子，本质上不是教育，而是发泄怨气和不满。"

"有的父母为掩饰在家庭教育上的失败，就会不停地告诉孩子，说自己是多么爱他们，多么重视他们，但真相无法逃过孩子的眼睛。孩子不会被谎言和欺骗长期蒙蔽，他们渴望得到父母的爱，但父母一再出尔反尔，只会让他们渐失信心。即便他们表面不会牢骚不断，或大发雷霆，可父母的教导和许诺，近乎一钱不值。更为糟糕的是，他们会情不自禁地模仿父母，拷贝父母的处世方式，将它视为人生的标准和榜样。"

这就是缺乏正确教育理念的可怕。

派克认为，如果父母能够通过对孩子的关爱让孩子变得自尊自爱，那么自律就是水到渠成的了。要知道，孩子的自律问题可是我们最关注的问题。

我曾经与一位家长在讨论中得出这样一个对家庭教育的理解：家庭教育从某方面来说就是父母用正确的爱来建立起孩子对自己正确的爱。

这位家长的孩子小时候生病需要打针，孩子非常害怕打针。这位家长对孩子说："孩子，其实打针并不像你想象的那么疼，你越害怕它就越觉得疼。妈妈爱你，所以希望你做个男子汉。你知道男子汉是什么吗？就像动画片里的英雄那样，什么都不怕。你要知道，你现在不舒服是因为有些坏蛋细菌在捣乱，打针就是为了把这些坏蛋消灭掉，让你健健康康，难道你不希望早点把这些坏蛋消灭掉吗？"

看到孩子仍然拒绝打针，她请护士找来一个针头，对孩子说："你试着在妈妈手背上扎一下，看看妈妈会怎么样。"孩子小心翼翼地扎了一下，赶紧问母亲疼不疼。她笑着说："有一点，可我知道这是为了消灭坏蛋，所以很高兴，一笑就不觉得疼了。"她很清楚，孩子根本不知道打针会扎多深，以为也就是这么个程度了。

果然，孩子挺起胸膛说："妈妈不怕我也不怕，我是勇敢的男子汉。"

每次家访或者家长会的时候，家长向我询问孩子的情况，往往是三句话："他学习怎么样？考得怎么样？没惹事吧？"根据我的调查，孩子们回家以后，家长问的也是这么几句。住校生的家长会多问几个问题，"钱够不够用？没生病吧？想吃点什么？"所以开家长会的时候我明确地对家长们说："我希望大家能向我提出这样的问题：孩子过得快乐吗？充实吗？他们有了什么新的想法？他们的心理状态怎么样？人际关系怎么样？他们接触到了什么新的东西？对什么事物有了新的认识？他们同老师谈话的时候提到自己的父母了吗？他们对自己的家庭有什么看法？"真的，我希望家长同老师交流的时候问问这些问题，因为我们教育孩子是为了培养一个人格健全、能力充分的人，而不是为了制造一个学习和考试的"机器"。虽然我们早已认识到这一点，但总是会有意无意地忽略它。

2 家长必须具备的 一些教育理念

（1）陪着孩子一起慢慢长大

有一对夫妻，两人都在大城市奋斗，事业做得很大，孩子留在家乡上学。原因很简单：顾不上，又觉得大城市不注重成绩，而他们想让孩子学得扎实一点，将来好考到他们所在的城市。他们关注教育孩子的方法很简单——嘱咐叮咛，如果从老师那里知道孩子没认真学习或者考试没考好，就减少"拨款"，在电话里大骂一顿。

一次，这位家长来找我了解孩子的情况。我专门问了他平时的时间安排，他回答的时候我注意到一条：每周他们夫妻最多给孩子打两个电话，而且每次绝对不超过半小时，一年都未必能见上一面，这次还是因为回来办事顺便来学校的。

我对他说："趁你回来，带孩子去做顿饭吧。请注意，我说的是你和孩子一起做顿饭，不是你们做好让孩子吃，或下馆子。你们的孩子已经很久没有体验到家的感觉了，如果他对家的感觉陌生了，那么，来自家庭的一切，无论叮咛嘱咐还是责备，对他都不会产生太大的触动和影响。他对待这些，会像弹去衣服上的灰尘那样，毫不挂怀。"

我给他讲了这么一件事情。

有天放学后，雨很大，我准备到教工食堂吃点饭，无意中听到几个从我身边路过的学生说，他们准备和这个孩子去上网。我停下了脚步，看着楼外的雨，我想：孩子的心就像土地，无论多么干旱，只要浇灌足够，还是可以湿润的吧。

于是，我拨通了他的手机，他说正在吃饭。我说："别吃了，来校门口。这么大的雨，我不回去了，听说你租的那个房子里什么都有，就到你那煮点方便面吃，咱俩顺便唠唠。"

他很快来了，但是为难地看着我说："这么大的雨，还要跑到我那儿去吗？没伞啊。"我笑了，"你小子能放下饭淋着雨跑过来陪我，还是很有良心的嘛。可现在怎么又不像我的学生了？雨是大了点，可不至于就把咱们难住吧？"

我直接冲进了雨中，他跟着跑起来，我们像兄弟一样互相鼓励着，比赛着。到了地方，他把电饭锅拿出来，那个锅看起来似乎从没用过，我突然觉得他和这个锅很像——从小就没有体验过一种正常的生活，就像锅没有被用来煮过饭一样。

他的父母在他还没上小学的时候就出去创业了，过年的时候都很少在一起，开始他跟着爷爷奶奶住，后来就一个人租房子住。放假的时候想见见父母，可父母让他安心补课。当他学会打着补课的幌子在网吧和台球室里消磨时光的时候，他也就不再想到父母身边了，因为他已经找到了新的依赖。

我这么想着，心里有些发酸。于是，我对他说："来，咱俩一块弄顿饭，好吃不好吃再说。"

……

这顿饭以后，这个让远方的父母一直头疼不已的孩子在我跟前比女孩子都温顺听话。

依赖家长是孩子的天性，但很多家长因为各种各样的原因不能常常陪在孩子身边。孩子天性中的依赖，在父母那里实现不了，就一定会去寻找新的依赖。这种寻找是极其盲目而焦灼的，所以很多孩子走上了歧途。他们疯狂地追星，沉溺于网络，盲目地早恋，严重的甚至赌博、吸毒……这一切，最初的原因只是因为他们找不到本来应该有的依赖。

多陪陪孩子吧。既然生下了他们，就陪陪他们。一起做饭，一起做家务，一起静下心来晒晒太阳，一起感受日常生活中的每一个细节，体味一点一滴的欢乐。在这个过程中，你们的心会融为一体。当他理解你的内心时，那他的成长还需要你刻意叮咛甚至操心吗？

当然，有些家长没有时间和精力陪孩子也是事实。可这并不是不可克服的，你可以在他休息的时候，带他一起做你要做的事，别注重他能做多少，也别注重他做得怎么样，关键是你们能最大限度地合作，进而磨合你们之间的关系和感情。

本来，父母和孩子应该是最熟悉的，现在却成了最陌生的。家长的作用是任何人都替代不了的，最好的老师也不行。

除了想办法多陪陪孩子外，我想给家长这么几条建议：

①微笑着面对孩子。

②每周至少与孩子认真谈一次话。未必要谈学习，可以谈他最近经历的事情，了解他对这些事情的想法，掌握他的思想动向，关注他的情绪，适当地加以引导。这里面有几个要点：一是要有适宜的场景和氛围，比如对于自卑的孩子而言，在家里谈就不如在外面一边散步一边谈；对于抗拒情绪较大的孩子也适宜用这种方法，以消除他们本能的抗拒，如果是在一顿温馨的家庭聚餐时谈，那是最理想的；二是放低姿态，不要以家长的身份告诉他该怎么样，而是以朋友的身份和他分析商量该怎么样；三是要耐心细致，你认为理所当然的事可能要和他说半天，他才能真正领悟到问题的关键在哪里。我想特别强调的一点是，这种谈话最好没有别人在场，现在的很多学生都把内

心藏得很深，不愿意敞开，人越少交流越容易封闭自己。这也就是许多孩子喜欢网上聊天的原因。

③陪孩子做他的事情，比如陪他做作业，多向他提问，向他请教，在这个过程中他会产生一种责任感，觉得自己就是你的老师，应该给你讲清楚，学习的积极性和主动性自然也就上去了。这种方法对低年龄段的孩子尤其有效。

④多送孩子点礼物，这些礼物未必多么值钱，但必须能表明你的诚意，最好是你亲手做的。有时候我会把学生叫出来对他说："很久没送你礼物了，因为没碰到合适的，咱们一起做个礼物吧。"和孩子一起唱唱歌、聊聊天，做点益智小游戏，一来拉近感情，帮助他们放松心情增强动力；二来也防止他们为了寻求心理发泄而走"歪门邪道"。

⑤让孩子做力所能及的事情，教育要在日常细节、一点一滴中具体落实，不断地提醒并鼓励他们。

⑥批评和惩罚也是必不可少的，太多的赏识会让他们迷失自己，但必须有两个前提：一是在他们确实认识到自己的错误并明确地感觉自己需要一点外界的约束和惩罚作为助力的时候才行；二是确定他们可以承受。

曾经有一位家长向我咨询，他说孩子从小就害怕绳子一类的东西，上学后甚至害怕书包，新买的书包一定要剪掉书包带才用。开始家长以为是淘气，也没多在意，可后来那孩子开始害怕一切长条状的软东西。家长才觉得有点问题。原来那孩子从小调皮，家长管得又比较严，动手就免不了了，可棍棒加身又怕伤着孩子，于是就用软东西抽，结果没把孩子的身子伤着，却把孩子的心给伤了。

⑦在他们面前不要刻意地提高自己，应该表现出一个真实的自我。你有缺点孩子未必就不听你的，你可以坦白地承认自己的缺点，告诉他自己在这个缺点上受到的教训，那么他就会自动地避免这些缺点。别总是把自己弄得和圣人一样，反而让孩子觉得你很虚伪。

⑧一定要让孩子时刻保持一种成就感，成就感是几乎所有人最大的动力之

一，没有人是一无是处的，与其让孩子敬佩你，不如你找到他的优点去敬佩他们，并通过实际行动让他们了解这种敬佩。

（2）只有建立在现实基础上的起点才能让孩子走得更远

曾经有位家长联系到我，一定要请我帮他看看孩子的问题出在哪儿。据那位父亲说，他们对孩子的成绩比较关注，因为亲戚家好几个孩子都是大学生，成绩都非常优秀，他们的孩子学习也很刻苦。但是这段时间他发现孩子反应越来越迟钝，总是心不在焉，学习成绩下滑得也很厉害。他们为此找过孩子的老师，也找过几个教育界的朋友，可都没有办法。

到了他家，孩子的母亲正在陪孩子写作业。孩子的母亲热情地迎接我，可孩子连头都没抬，一直盯着作业。我看到这个情况还和家长寒暄说："这么用功的孩子成绩不会太差吧，说不定是偶然现象呢，也不必放在心上。"可当我走到他旁边细看的时候才觉得有点不对劲——他盯作业本盯得太死了，而且一边写一边看着前面写的东西，虽然我看不到他的面部表情，但我总觉得他一直在犹豫着，迟疑着，好像对什么东西总放心不下似的。

这种感觉很奇怪，就觉得这个孩子慎重得有点反常，那不是认真的感觉，倒有点像在地雷阵里探路。这时孩子的父母也跟着我过来了，让孩子先别做作业了，今天找了一位老师辅导他。可孩子还是没有反应，于是他母亲伸手去按孩子握笔的手，这时候问题很明显了，孩子握笔握得太用力了，而且写字写得也过于用力，有不少笔画把纸都快划破了。

我示意他母亲停下来，然后弯下腰用双手轻轻地托着孩子的两腮，一边轻轻揉搓着帮他放松，一边试图把他的头转过来。可他专注得有些固执，我不断地增加力量，连着试了几次才把他的头扭过来。一看他的表情，我脑袋"嗡"的一下就大了。他的表情非常奇怪，头扭过来以后，眼睛还是盯着作业，而且是直直地、死死地盯着，就好像战士盯着射向自己的子弹；二是他的那种感觉混杂着专注、焦虑、犹豫、担忧等等，让人说不清。虽然我不是学心理学的，但也已经明显感觉到，这个孩子的问题绝对不像他父亲说的那么简单。

我问他父亲："这孩子受刺激了？"夫妻俩摇了摇头，他父亲说："就是这段时间考得不好。"我又问："你们是不是打骂他了？"他父亲非常肯定地说："我们从来不打骂孩子，这几次他考得不好，我们也是努力地帮他找原因想办法，找人给他辅导补课。"这话我觉得也不是假的，真是匪夷所思。

既然来了，总得尽量帮忙想想办法吧，于是我提出想到孩子的房间看看。这一看，我都觉得有点毛骨悚然。房间里没有任何随意性的玩具——可能大家不太明白我说的随意性的玩具是什么，我说说那房间里让我最头大的一个东西大家就明白了。那是一张时间表，那些安排有：上课、做作业、弹钢琴、拉小提琴、画画、唱歌、跑步、仰卧起坐、看礼仪讲座……

我问家长："你们的孩子每天就是这么过的？"他们点点头，他母亲还说："我们对孩子的教育一直都很重视，孩子也很努力，所以现在成了这个样子我们都很着急，生怕他落下。"

我转身走出了那个房间，恨不得立马离开。但我还是忍住了，尽量克制地对家长说："找个心理医生给孩子看看吧。"可他们不相信，说："不可能吧，我们让孩子课余时间参加了很多艺术培训班……"

"决定权在你们，可我还是强烈建议你们带他去看看，千万别说怕耽误孩子的学习。"

这件事就在这种不太和谐的氛围中结束了。过了一段时间，我从朋友那里得知，这个孩子是非常严重的强迫症和抑郁症。

可以说，这是一种典型的家庭"软暴力"，父母出于对孩子的关心，殚精竭虑地培养孩子，恨不得一天有二十五个小时，能让孩子学到更多的东西，得到更好的发展。但他们忽略了一个最基本的事实——张弛须有度。就算是一台机器，超负荷的运转之后也会崩溃的。他们希望在这种看起来近乎"完美"的教育中让孩子成为神童，从而在未来的竞争中站在一个更高的起点上，结果却成了典型的拔苗助长，差点毁了孩子的一生。

因此，我在这里呼吁家长：不要神童。尤其是在小学阶段，一定要把孩子的童年和欢乐还给他们。

（3）教育远不止于课堂，生活中处处有教育

教育远不止于课堂，家长可以随时随地借助各种条件巧妙地教育孩子。举一个我和学生淘树叶的例子供大家参考。

一年秋天，我正在一堆树叶里倒腾，几个学生路过看见，跟我开玩笑："老师在垃圾里淘宝啊。"一个小丫头更淘，她说："看你们都说的什么没水平的话，咱老师在体验生活呢。"

我告诉她们我在找叶子，她们愣住了，说这一堆不都是叶子吗？于是我把自己已经找出来的几片叶子给她们看，"这片叶子，虽然已经凋零了，但它依然那么柔韧，就和做人一样，最让人动心的时刻不是成功的那一刻，而是在逆境中仍然能坚毅坚韧，这是一种精神和气质，未必要有什么目的，本身已经足够让人敬佩了。"我又拿起另两片叶，"这片叶子就不一样了，脆得一碰就碎，就把它作为一个反面的典型吧，告诫自己做人不能太脆弱；而这一片呢，脉络粗壮清晰，告诉我们做人要有原则，就算掉下来也是硬邦邦的一个英雄，不能是一摊烂泥。"

孩子们不说话了，眼光都集中在了我脚下的树叶上，我说："其实，我这么做不仅是在体会做人的道理，也想把这些树叶作为礼物送给你们，希望你们通过这件事体会做事的道理。不要觉得不起眼的事情就不值得我们认真对待，也许我们只是没有发现其中蕴含的价值。其实你们刚才说的没错，垃圾里面有的是宝，只是我们没有发现它的价值，我们认识到这一点，就可以避免错过很

多美好的东西。"

"再比如，中考过后，你们的成绩不太理想，没能进入重点班，所以打个不恰当的比喻，你们中的很多人觉得自己已经被大风从高枝上吹下来了，觉得自己好像是被淘汰的人了。可你们想过没有，只要不放弃，经过严冬的考验后是可以脱胎换骨的。来年夏意浓郁的时候，你们依然是高挂枝头，鸟儿最喜欢依偎的那一片叶子。考不上高中未必就考不上大学，更不意味着将来会比他们差多少，你们说呢？"

这样，我们既能让孩子更深刻地认识生活，又为她们的学习与发展注入了新的动力，何乐而不为呢？

事后，其中的一位同学在作文里写道："川端康成在《花未眠》中说：'美是邂逅所得，是亲近所得。'真的，世界上时时有美，处处有美，它们在等待着你去邂逅，去亲近。"我想：她会生活得比以前更美好充实。这不也是教育的重要目标之一吗？

如果家长们能细致地观察，巧妙地利用这些日常生活中的事物，那你就等于打开了一个取之不尽，用之不竭，异彩纷呈的教育资源的宝库。

有个新入班的学生，学习非常用功，但我总感觉她不太对劲，就问她："你是不是有点把自己绷得太紧了，我在你身上感觉不到一点轻松的味道。"她马上跟我说："老师啊，我都快疯了。这个班里玩命学的人太多了，高一的时候我觉得自己学习还可以，可到了这里看看，忽然觉得自己什么都不是了，成绩先放在其次，最关键的是我实在觉得怎么学也没有他们用功，我现在恨不得把书当饭吃。"

我乐了，对她说："玩命也是需要战术的，这个班多数学生是高一就这么过来的，所以很多人知道怎么才能有效地玩命。你别看他们学得疯狂，但内心是放松的，外紧内松才是王道。可就是这样，他们中的不少人还是不能合理地把握自己，更何况你高一的学习是在一种盲目的状态下进行的，没有做热身运动，也不知道玩命的诀窍就瞎玩命，那不是和自己过不去嘛。"

"你的心是一池水，而知识好比是一块石头，当你的心平静松弛的时候，哪怕是再小的石头也会在水中荡起层层的涟漪，也就是所谓的举一反三、触类旁通；如果你把自己的心绷得太紧，那就好像水面上结了冰，别说举一反三，连知识本身也很难真正融入你的心中，所以你做的很多是无用功。但你对自己负责的心理又告诉自己千万不能比别人差，所以你就和别人盲目攀比学习的时间和强度，这又好像你的心里刮起一阵狂风，你想，再大的石头如果投在波涛万丈的海面上，会有什么感觉吗？还是学不到东西。所以你现在的根本问题在于被学习的欲望控制了自己，而正常的情况应该是你控制和利用学习的欲望。这样的主客颠倒让你陷入了一种恶性循环。记住一句话，知识是亲近所得，你应该拥抱它，尝试着和它融为一体才对，别傻傻地玩命。学累了出来深呼吸，闭上眼睛感受一下已经学到的知识是否真的和你融为一体了，你一想到它马上就有很多联想和推论，脑子里一片光明。"

一周之后的期中考试，她的名次进步了十名。她跑过来对我说："上了十几年学现在才知道什么叫作学习。"

许多家长告诉我不知道该怎么指导孩子学习，我的回答是："世界上的道理都是相通的，你知道你所从事的那个行业是怎么回事，就知道孩子在学习上该是怎么回事。搞建筑的肯定知道要总体把握，循序渐进；搞文字工作的肯定知道谋篇布局，字斟句酌；经商的肯定知道效率要最大化，要有前瞻能力；搞种植的肯定知道要踏踏实实，要根据不同作物的特征采取合适的种植方式；哪怕就是洗个锅，也可以让孩子知道洗完后认真检查下看看哪里没洗干净，再擦擦。把这些告诉孩子，不都是学习上非常重要的方法吗？"

很多时候，教育和学习本身就是渗透性的，随风潜入夜，润物细无声，它与功利是绝缘的，可这种力量一旦发展起来，又是难以想象的强大。所以我要求学生在勿以善小而不为的同时，也要求他们勿以美微而不近。

家长们利用这些教育资源的时候一定要注意：

一是必须是孩子们想做的事，而不是我们想让孩子们做的事。原因很简单，现在孩子们缺乏学习动力甚至对整个学生时代都非常反感的原因之一，就是他们很少真正有机会做自己想做的事情。实际上这些事情真正体验起来远不是孩子们想的那么简单，那么让他们实际体验下，有助于他们更好地了解自己，了解社会，从而更好地把握自己。家访的时候经常听到家长抱怨孩子们假期太放松，不学习罢了，也不帮父母干点什么。其实，让孩子们真正体验一下成人的生活苦难，什么问题都解决了。

二是家长一定要陪着，正如我们前面所说的，其实很多事情真正体验起来远不是孩子们想的那么简单，其中还可能包含着一些负面的东西。这是把双刃剑，既可以让孩子们了解生活的不容易，又可能让孩子们对社会产生一些扭曲性的认识，所以陪着是为了在过程中贴心引导他们正确认识这些东西，用其利而防其弊。

三是要孩子们亲自一点一滴去做，让家长陪着不是让家长帮着。以前有位家长让孩子去卖彩票体验生活，没过几天又实在有些心疼孩子，于是打了几个电话托关系帮孩子把彩票卖了，那孩子不费吹灰之力赚了小一万——我听后只好说："几个电话，一万块钱把你孩子一生奋斗的动力给卖了。"

（4）孩子的能力和想法是他起航的翅膀

一位叫作"九月薇影"的网友在给我的回帖中曾提到这样一个故事：土耳其小说《我的名字叫红》中，一位失明的细密画大师想知道一幅画的内容，他的办法是"给我找一位聪明的七岁男孩，让他告诉我，他看见了什么。"

这位网友说："我当时看到这句话的时候非常震撼和感动，大师不相信成年人的眼光、不相信成年人的叙述。他认为七岁的孩子，心无杂念的孩子，反而比成年人更加能如实准确地理解一幅画。身为母亲我强烈意识到，孩子从来不是我们想象的那样幼稚，孩子是非常聪慧的。我们不仅仅要尊重孩子，甚至我们应该敬佩孩子。不要担心孩子看不懂文学作品，不要担心孩子不懂司马迁，不懂诗歌不懂音乐。孩子什么都懂！而家长要做的，仅仅是给他们提供一个窗口！我在孩子四岁那年给他读唐诗三百首，读到李白的部分，我孩子说：'妈妈，我就听这个，你再读几次。'于是，每天晚上他就反复听《将进酒》。当然，我并非说孩子懂李白，我只是领悟到，他懂得欣赏汉字发音的铿锵节奏，他喜欢李白的作品里那种流利豪放的音节、音律。再比如，我喜欢听音乐，一般都是些流行歌，有一次我觉得自己应该高雅一下，就放了几首肖邦的曲子。结果，我玩游戏的孩子又跑过来对我说：'妈妈，你今天放的声音好好听哦！'"

即便当一个孩子对你说出完全不靠谱的话，你也不要急着否定。很多人听过这样一个例子：孩子造句子说雪化成了春天，结果老师给了孩子一个大大的红叉，告诉孩子应该说雪化成了水。有一次，我问一个小学生月球上有什么，他说月球上只有光秃秃的山，不知道为什么，我总担心这样下去他们的生活中会缺少很多美妙的东西。

有一次，我听到一个孩子问母亲："鱼为什么会在水里游？"母亲反问孩子，孩子想了想说："因为水是鱼的妈妈，鱼在水里游是在妈妈怀里玩耍。"这位母亲说："对了，你真聪明。"我为这位母亲鼓掌叫好。

（5）教育拒绝"豆腐渣"，"奠基"比"剪彩"更重要

我套用了建筑行业的两个术语，是想请大家注意，教育也有"豆腐渣工程"。

我发这个帖子的时候，曾告诉了一位新认识的朋友，没想到他第一句话不是问我帖子的内容，而是问"点击率怎么样？"说实在的，那时候这个帖子已

经上了三个版块的头条了，我都没认真注意过点击率。我们在他手机上看了一下，结果把我自己也吓了一跳，已经快十万了。紧接着我这位朋友就说："你可真猛啊，赶紧写吧，多写点，说不定你就出名了。"然后就关掉了帖子，压根没看内容。我一直在想：如果用这种理念来教育孩子的话，结果会怎么样？

我经常琢磨一句话："教育是一项工程。"由此衍生的话不少，例如"系统工程""全民工程""社会工程""世纪工程"，无一不是强调教育的重要性及其受外界环境影响的程度，但我重视这个理念还有另一个原因，那就是教育也要警惕"豆腐渣工程"。

作为一个相对抽象的领域，教育的成功与否很难用量化方式测算，甚至成功与否的标准本身就很难确定，这就为其埋下了极大的隐患。近几年来，人们对单纯以分数论优劣的评价体系已经进行了相当程度的抨击，我们的教育制度也确实有了极大的调整，例如将德育评价、社会活动等作为学生评价的依据。但不得不说的是，要想落实，太难了。

这种情形对教育的危害之一，就是使我们的学校和家长难以把握教育的方向和尺度，当别人的孩子金榜题名，甚至已经因为一些特长走入公众视野，名利双收的时候，当许多人用赞赏的甚至是羡慕嫉妒恨的目光对"成功者"作出种种推崇的时候，同样作为父母的你，是否还能平心静气地带着孩子在正常的人生路上一步步地行走？

开家长会的时候，我经常问家长朋友们在孩子步入高中后是否做过这几件事？

①带孩子到街上帮助陌生人。

②带孩子到某个行业去体验一下作为成人工作的感觉。

③与孩子一起玩游戏。

④与孩子聊天，不是目标明确的谈心，仅仅是聊天，没有功利性的目标，让孩子把心里话都说出来，你可以表述你的观点，和他交流，但不要强迫他接受，或者你干脆就当一个听众，让孩子倾诉。

⑤与孩子谈心，既作为朋友也作为监护人，与他一起分析碰到的问题，找原因，明确道理，达成共识并最终制定对策，帮助他也监督他落实。

最后两条有相当多的家长可以在某种程度上落实。前几条基本没人做，也没人愿意做。因为孩子学习好考大学才是"王道"。

人们都乐于剪彩，庆祝胜利并分享其中的喜悦，这样能油然而生一种满足感与自豪感，这种满足感与陶醉感甚至使得人们本末倒置，忘却了剪彩本应是工程建设一个太微不足道的附属环节，反而将之作为工程的目标，甚至是唯一目标，只要能早剪彩，多剪彩，奠基是可以忽略的。

（6）千万不要把孩子当作攀比和夸耀的资本

曾有一位家长，为自己的孩子感到无比骄傲，甚至说："我家孩子无论哪方面都是出类拔萃的。从孩子上幼儿园开始，一直到初中，如果有几天孩子没有获得表彰奖励，那肯定是学校没有进行评比。"他是我朋友的朋友，相处时间长了也算是朋友。当时我们正在这个共同的朋友家里小聚，他说这句话的时候，脸上的神情让我想起"光芒万丈"这个词，在座的友人纷纷"捧场"大加赞扬。我是俗人，不敢故作矫情，也随声附和。也许是血液里酒精含量有些超标了，他觉得我有些言不由衷，居然和我较起真来，马上打手机把孩子叫过来要让我亲眼看一看。

孩子到，上眼一看，果然是一表人才，举止文雅，应酬到位，彬彬有礼，大方而自然，让我这个做老师的着实眼馋，直到他给我们一一敬酒时，我看到了他的眼神——毕竟孩子还小，眼睛是不会骗人的——那里面充满了算计和功利。于是，在应酬结束，孩子准备回家时，我把他送到门外，给了他一张纸巾，说："外面风凉，擦擦汗。"三分钟后，我走出去，洁净的过道上，一张纸巾那么刺眼……

我暗自叹息。应该说，简单的一次应酬就能看出来，这个孩子的素质确实优秀，但由于父母长期把他置于一种比较炫耀的氛围中，让他觉得自己的素质就是用来与别人比较的，当他觉得这种比较的氛围不存在时，就随手把纸巾扔在地上了——但这一点也就意味着很难说他的素质是扎实而牢靠的。

当然不能因为这么一件事，一件小事就把一个孩子彻底否定，但那位父亲赖以骄傲的资本——评比中的荣誉到底有多少分量就得掂量掂量了，这难道就是教育的目的吗？

更多的家长会做这样一种事情，每当家里有客人的时候，就把孩子喊出来，让孩子给客人展示才艺，以表明孩子的聪慧多能和自己的教育成功，甚至有的家长会因此逼迫孩子去学习某项才艺，根本不管孩子是否愿意这么做，实际上，这里多少有些家长的虚荣心在作祟。

所有这一类做法的负面影响是孩子会觉得自己就是家长用来装点门面的一个工具，而不是一个逐渐走向人格独立的主体，他们会觉得很累，有的孩子甚至会逐渐产生一种过于强烈的炫耀和攀比意识，时时处处都想高人一等，一旦无法达成这种心理，就会因为承受不了打击而沉沦，或者有一些过激的想法。

是树木都会生长，是花朵都会开放，孩子的成长和发展是再自然不过的现象，那就把它当成一个自然而然的结果，无须夸耀更不要攀比，这样反而会给孩子的健康成长造成不必要的阻力。

（7）客观、理性地对待老师和孩子的矛盾

当老师和孩子产生矛盾的时候，家长要注意把握这样几条原则。

①认真了解情况，冷静客观判断。

有的家长怕孩子因为家长的支持而娇纵起来，所以听到这种情况直接说一句"老师怎么会有错，你自己好好认识错误"；也有家长听到孩子受委屈就不

冷静，找到学校吵闹投诉；还有的家长不是想办法从根本上解决问题，而是托人情找关系……这些做法都是不正确的。

首先听孩子把情况说清楚，然后找老师印证一下，当自己确定真正明白了事情的原委后，再进行判断处理。

有个孩子回家告诉家长：上课的时候老师发现他们几个人在说话，但只点了他的名。同学们都用异样的眼光看着他，他觉得很受打击。这位家长见了老师以后也没有问清楚是怎么回事，当着办公室许多人的面把孩子的老师骂了一通，言辞非常激烈，谁劝也劝不住，气得那位老师脸色煞白浑身哆嗦。

闹了半天，那个班里路过办公室的学生看不下去了，进来告诉这位家长：他的孩子经常说话，而且这次说话也是他孩子挑头的。另外几个同学一开始没有回应，他就一直和同学说，同学们实在抹不开面子才草草回应了几句，所以老师只点他的名，而且老师只是嘱咐他有什么事情下课再说，并没有批评他。这位家长还在纠缠："那为什么我儿子说同学们都用异样的眼光看他。"一位学生说："那是因为老师提醒他的时候他还在那儿得瑟。"这位家长才悻悻地离开，甚至没跟老师道个歉。

同事给我讲述这件事情的时候，我说了一句："那后来呢，老师还敢管这个孩子吗？"同事笑了笑："谁还敢管？师生之间的事情本来就不是那么简单的，有这么一位家长，圣人也没办法。老师也是人，也有尊严，无缘无故受这委屈，说出去都丢人，谁愿意？"

另一位家长在面对类似问题的时候就处理得很到位。他先找老师问明原因，然后对孩子分析这个问题："老师说了，当时他确实是骂了你，但问题是你上课说话确实不对，而且老师已经几次用眼神提醒你，你都没有发现。这事我和老师证实过，好多同学可以作证的。你想想，上课的不是你一个人，要求老师停下课来慢慢和你交流那肯定是不现实的。实际上你想，如果真的那样的话，你自己心里是好受了，有面子了，但你耽误同学们的时间越长，你的错误就越重。而你放学后也没有和老师很好地沟通一下，就负气地回来告诉我，这一点也是不对的，说明你作为一个高中生连恰当地与人沟通解决问题的意识都没有。"最后他说："这件事我不会参与，我相信老师没有让你难堪的意思，他骂你是在特定情况下，我也相信我们这次谈话以后，你会恰当地处理这件事，去和老师谈谈吧，爸爸等着这件事情顺利解决的好消息。"他这么一说，孩子冷静下来想想，其实老师当时都不是在骂他，一没有侮辱性的词句，二没有刺激性的字眼，顶多也就是责备了几句，他找老师承认了错误，还借此机会与老师在很多方面进行了进一步的沟通，事情就这样顺利地解决了。

②让孩子反思，引导孩子全面正确地认识自己的行为。

孩子们毕竟是感性多于理性的，受到外界的负面刺激时会不由自主地产生一种逆反心理，或者说是自我保护的心理，尽量给自己找理由，他们越是给自己找理由，就越会觉得委屈。而且，现在大多数的孩子们成长环境比较温馨，不容易接受负面的批评和惩处。所以，家长要认真细致地与孩子一起分析事情的整个过程，全面深刻地认识问题。俗话说："一个巴掌拍不响。"一旦出现矛盾，双方肯定都或多或少地有一些问题。千万不要让孩子养成这样一个思维习惯：什么事情不如意肯定是老师的问题。

一个孩子回来向家长告状，说老师无缘无故地让自己把作业重写一次，十几页作业得写到什么时候。母亲对孩子说："现在已经快十点了，这么多作业确实不容易完成。这样吧，你可以不完全做完，能做多少做多少，我明天去向老师解释一下。我觉得你首先要做的事情是好好想想，老师怎么可能无缘无故地罚你。你好好看看作业上有什么问题，如果你确定没问题，我们明天去找老师沟通一下。"孩子看了两次都觉得没什么问题，母亲提醒他："不要只看有没有做错，也要看看是不是工整，格式是不是符合要求。"孩子把作业放到母亲面前："你自己看，没问题。"母亲说："妈妈上高中的时候，情况和现在不一样，真未必能看出来，可我建议你再仔细想想，问题往往就出在最容易忽略的地方。"孩子想了半天，忽然一拍腿："是不是步骤上有问题？老师一直强调要注意把关键步骤写出来，可我一直没太注意。""那你确定一下。""我确定不了啊，我不知道哪些步骤是关键的。这老师也是的，直接告诉我不就行了？""这你可想错了，"母亲严肃地对孩子说，"看来你的问题确实不简单，你再好好想想，老师点出你的错误和你自己找出来有什么区别？""嗯，是有区别，老师点出来我只能改正这个错误，我要是自己找出来不就顺便提高了检查的能力吗？我怎么就没想到呢？"第二天，母亲带孩子去和老师沟通了一下，老师果然是这个用意。从此，这个孩子和老师的配合比以前更默契了。

③引导孩子感同身受地理解老师。

有些事情可能真的是主要问题在老师那里，如果是这样，家长也无须避讳这个问题，但是不要就此顺应孩子的情绪，而是应该帮他客观地面对问题，理性地解决问题，让他知道："世界上任何人都会犯错，无论老师、父母还是什么权威人士。有时候一个人犯错可能自己意识不到，但是如果作为他身边的我们给他提出来，帮他改正，他一定会感谢你的。"（这是网友"九月薇影"在自己的孩子和老师产生矛盾的时候对孩子说的一段话）

有一位老师上课的时候把一个重要知识点讲错了，虽然他很快发现并改正，但还是有许多孩子回去向家长提到了这件事，一位家长没有急着表态，而是认真打听了事情的原委。原来，这位老师的爱人出差了，他要照顾年幼的孩子，更巧的是，正好学校有几位同科的老师接到紧急通知去完成一项任务，这个老师又兼了另外两个班的课，已经有好几天没有好好休息了。于是这位家长把老师的日程安排带给了孩子，让孩子试着体验一下。孩子一看就理解了。

最后，巧妙地充当沟通调节的桥梁，事情就会得到圆满的解决。比如，当孩子或者老师的情绪不大稳定的时候，就先不要让双方直接见面，自己居中沟通一下。传话的时候，也尽量把双方的深层意图表述清楚，避免产生误会。

（8）想要走进孩子的内心世界，先学会正确与孩子沟通

根据调查，在87%的家庭中，家长与孩子存在沟通困难的问题，多数家庭的家长不能有效地与孩子进行沟通。我见过太多的家长在我面前表现出无奈，对我说希望我多和孩子们谈谈，他们的话孩子们根本听不进去。

我见过两次让我大开眼界的"对话"：一次是家长对孩子絮絮叨叨了老半天，然后孩子从衣服口袋里取出一个MP5关掉，从长发遮掩的双耳中拿下耳机，回卧室去了；还有一次家长说得挺带劲，结果那孩子直接睡着了。千万不要忽视这个问题，如果孩子们从父母这里找不到沟通的可能性，那么他们就会转而寻求其他的沟通对象。比如沉溺于网络、早恋甚至把自己封闭起来。这导致他们无法得到正确的理解与帮助，甚至无法倾诉自己的心声，抒发自己的感情，那他们又怎么可能健康成长？

造成家长与孩子之间沟通不畅的原因主要有以下几种：

①对教育方式的错误理解。

很多家长对孩子过于娇纵或者过于专制。或者在孩子小时候过于娇纵，孩子长大后又过于专制。无论是哪一种情况，都不利于沟通。被娇纵惯了的孩子，他根本不会认真与你沟通，他已经习惯了通过"一哭二闹三上吊"的方式强迫你妥协，实在不行，不理你就行了，他知道你不能把他怎么样。当家长过于专制的时候，孩子根本得不到与家长沟通的机会。

也有些家长认为对孩子说话就是沟通，自己觉得天天都在和孩子沟通，孩子却觉得父母天天都在和自己唠叨。

所以我们尽量少说一些："这是你的事，你看着办吧""我不管""我们不懂你们的情况，自己想办法""别跟我强调你的理由，照我说的去做""你必须这么做""怎么说什么你都不听呢"。多说一些"让我们一起来看看这是

怎么回事""我的想法是……你的想法是什么呢？我们来讨论下究竟应该怎么办""你的想法确实是有道理的，可有几个方面你听听我的想法是不是也有道理呢。"

②沟通意识淡薄。

有些家长根本意识不到沟通的重要性，尤其是孩子年龄比较大的家长，觉得孩子完全可以自理了，很少抽时间与孩子沟通，出门在外的家长甚至十天半个月不与孩子联系一下。有时候孩子主动寻求与家长沟通，家长也只是心不在焉地哼哈了事。

有个学生曾反应与家长沟通有问题，我与家长联系了几次效果不大，就去他家里试图解决这个问题。结果我在他家里坐了一个多小时，他父亲一直在忙着接电话，其中占用时间最长的两个电话，一个是与朋友聊昨天晚上打麻将的事，一个是与同事讨论单位的传言。他的母亲与我有一搭没一搭地聊着，但是我知道，孩子的事情基本归父亲管，按照分工，她只负责孩子的衣食住行，根本不了解孩子的情况。后来我起身告辞的时候这位父亲向我道歉："对不起啊，都是熟人，不好意思挂电话。"我理解他的难处，建议他实在不行就用写信的方式与孩子沟通一下，因为这样容易避免时间冲突。

③不了解孩子的情况和心理，不站在孩子的立场上思考问题。

我多次提到，孩子是比较感性的。当他们心情好的时候，话就显得特别多，甚至追着家长说，同样的内容可以重复很多次，似乎永远也说不完，这就容易导致家长的不耐烦和反感。当他们心情低落的时候，有可能一句话不说，或者拒绝家长沟通的试探，这又让家长觉得孩子不希望沟通。实际上，很多情况下，他们拒绝沟通并不意味着他们不需要沟通，只是他们希望先冷静一下，这本身就是他们在有意无意地准备沟通的前提。当然，有的孩子拒绝沟通是因为家长的沟通方式不是他们所期望的，我们不妨调整一下沟通方式。

有位家长看到女儿回来后心情十分低落，可任凭他怎么追问，孩子一句话都不说。于是他递给孩子一条毛巾："痛痛快快地哭吧。"孩子"哇"的一声哭了起来。等孩子开始发泄自己情绪的时候，这位家长才慢慢地引导孩子说出问题。等孩子哭完冷静下来的时候再与他交流，事情就容易得多了。

在表达的能力与方式上，孩子与父母也是有差距的。从表达方式上来说，有时候孩子更喜欢用肢体语言来表达，如果父母不注意观察孩子的动作和表情，以为孩子只是在随便做几个动作，就很有可能错过与孩子交流的时机。即便是年纪比较大的孩子，也存在这种情况。我的一个学生就有个很奇怪的习惯，如果我和她打招呼的时候她回答了，甚至停下来跟我说很多话，那只需要倾听就行了。如果她只是笑一笑，就说明她有心事，而且非常迷茫，这才是她最渴望与人沟通的时候。

从表达能力上来说，他们也未必能把情况恰当严谨地表现出来，这时家长就要进一步询问，耐心细致地分析，力求全面准确地掌握情况。比如，不少家长都碰到过这样一种情况：孩子们说最近很烦，但又说不清为什么。家长们往往问几次问不清索性就由他去了，说一句："再看看吧，也许过一段时间就好了。"其实，碰上这种情况我们完全可以采取另一种方式，就是把有可能出现问题的方面都摆出来让他选择，逐步逼近真实情况。让他说他可能真的说不清，但一条一条地让他选择，他可能很容易就确定目标了。

至于不站在孩子的立场上思考问题，那是更常见的。大人们听到孩子们的苦恼后，往往说一句："这么简单的事你都想不通啊"或者说："这才多大个事，别想了。"孩子们正是觉得事情大才想与家长沟通，我们要通过沟通让他自己意识到问题其实很简单，可直接告诉他根本没有效果，只能逐渐让孩子对沟通失去信心，甚至打击孩子的自信，让他觉得：这么简单的事情我都想不通，看来我问题真的很大啊。

明白了这些原因，我们就可以对沟通有一个科学合理的把握。

a. 沟通的前提与基础。

首先，要降低姿态，以平等的身份与孩子对话。孩子寻求与我们沟通时，自己在心理上就把自己置于弱者的位置，如果我们再摆出高人一等的架势，就会让他们觉得恐惧。这时候我们一定要放松表情和语气，用陈述句和疑问句，少用祈使句。甚至要放低身段，比如，和他一起并肩坐在一起就比坐在他对面效果要好得多。所以当我和孩子们沟通的时候，总是先对他们说："来，坐下，坐到我身边"或者"我们一起去散散步吧，边走边谈"。尤其需要注意的是，当他们希望和你沟通的时候，不要用审视的目光看他，这样会让他怀疑是不是真的有什么大问题。更不要直视他，特别是直视他的眼睛，也许我们觉得这是一种重视，却会给孩子造成很大的心理压力，可能使他们因为恐惧和紧张而放弃沟通的尝试。我们可以看着他的手，或者看着别处——这里有一个技巧，看别处的时候要把他置于视野中但又不要放在焦点的位置。

在语言上，多说这样一些话："如果我是你，很可能也会这样的。""你想得有道理。"

其次，用心倾听孩子的话，分析他的真实想法，揣摩他的真实心理。不能真正掌握他们的想法，沟通的效果必然会打折扣。有个孩子曾经跟我说："老师，某某老师批评我了，我该怎么办？"语气很重，但我从他的眼神里却没有发现一点的委屈或者愤怒，表情也很轻松。于是我问他："好像你对这件事情并不反感，你需要老师帮你从哪方面分析一下或者出个主意吗？""我就是不知道该怎么办？""从哪方面来说？不知道怎么向老师说明情况还是不知道这件事会产生什么样的影响？""不是，是因为老师已经很长时间没有说我了。"我恍然大悟："明白了，老师很长时间没批评你，你是不是觉得老师有点放弃你了？所以这次批评让你觉得有些突如其来，不知道怎么回应。是这样吗？"他点了点头。这个孩子来找我是想知道该怎么回应老师对他的这种重视，如果我们纠缠于批评的起因，就无法满足孩子的沟通需求。

第三，尊重并赏识孩子的想法。

这里首先要注意一点，既然是交流，就要给孩子足够的自由，让孩子充分表现自己的内心，表达自己的态度，允许孩子对问题持有不同的观点并进行申辩。即便是那些听起来"荒谬不堪，大逆不道"的观点，也得先让他说出来，才能通过交流让他意识到这是错的。这就是我们说的"真理越辩越明"。如果直接把这些话堵回去，那这些话可真要牢牢盘踞在孩子的心里了。

有个孩子在和我谈论与家长沟通的困难时，曾给我说过一个笑话，我觉得很能说明问题：

厨师把各种动物召集起来，很热情地说："今天我们充分发扬民主，你们说说喜欢怎样被人吃掉？"众皆不语。只有牛小心翼翼欲言又止。厨师说："说吧，不要拘束，发扬民主就是要畅所欲言！"于是牛说："其实我们不想被人吃掉！"厨师笑着说："你看你，一开口就跑题了……"

这个我是深有体会的，这几年每次我召开班会讨论学习情况时，总是先问问他们："最近想学不想学了？"然后把这个问题解决掉，效果就比以前直接和他们讨论如何学习效果好得多。

当孩子说出自己的想法并征求家长的意见时，不要急于指出其中的问题，首先肯定他想法中正确的方面，让他能继续与你交流。如果一上来就否定，那就把路堵死了。即便沟通成功了，也不要急于求成，把思想落实到行动上，是需要一定时间的，而且孩子们的思想还可能出现反复，我经常对家长们说："孩子们在思想情感、兴趣意志方面出现反复是太正常的事情了。因此在一个问题上需要反复沟通也是很正常的，我们尽量争取一次成功，但不要因为有这个想法影响继续沟通的耐心和情绪。"

世界上没有绝对的事情，再荒唐的想法，一定有合理之处。首先肯定其合理之处。他说不想上学了，你对他说："确实有很多人选择了中途停止学业，而且不乏成功者，不是所有人都适合在文化课考试中找出路的，如果真的确定自己不适合，完全可以考虑。让我们来一起分析一下是不是这样，否则走了冤枉路就有些可惜了。你不想上学不就是怕走冤枉路虚度自己的青春吗？"他说想谈恋爱，你得承认："这个年龄有这个想法很正常啊，让我们一起来看看你们是不是合适，这么做的话将来会怎么样？"当家长和孩子在这种平和冷静的气氛中把问题都分析清楚的时候，家长再采取进一步的措施就很容易得到孩子的理解和配合。这里我想特别强调一点，很多人觉得这条应该放在沟通技巧里，但我不这么认为。因为真心是沟通最主要的前提，如果你简单地将先肯定后否定作为一种交流的技巧，孩子们是很容易感觉到的，他们看过的《演讲与口才》可能比我们看过的还要多。而当他意识到这一点时，他可能会过于敏感地觉得你是在与他耍心眼，与你沟通的欲望就会大幅度降低。这就是为什么有些孩子宁肯与素不相识的人在网上聊一夜，也不愿意与老师和家长沟通的原因之一。

请家长谨记：换位思考很重要，在换位的时候不要有所保留。

b. 沟通的方法与技巧。

这里我只想强调最重要的两点：一是辩证分析，客观认识；二是条分缕析，层层推进。只要把握好这两条，再辅以真心和耐心，基本上可以保证沟通的成功。

这里我想举一个非常特别的例子：

假期里的某天晚上，一个朋友给我打电话，让我赶紧过去"救火"。这场家庭"大火"起源于一个很小的"火苗"：正上初中的孩子长时间上网，母亲唠叨了两句，被孩子顶回来了。爷爷心疼孙子，也随声附和："假期里放松放松也是应该的，你看那电视里逼得紧了往下跳的往上挂的多可怕啊。"媳妇有些急了——教育孩子的事情不能迁就啊，三代人就吵成了一团，甚至弄得老爷子心脏病犯了。

不知道为什么，从一开始我就觉得这事可乐，所以口气也不是太正经，"小子，惹这么一大摊子事，你得给个说法，你不是挺有想法吗？"孩子看事情闹成这样也有些后悔了，皮皮地坐在我旁边，好半天才说出句"反正是错了，以后注意"。我说："别，这话说了等于没说，今儿咱得来点真材实料的。咱正道上比画比画。你要是把我们说住了，以后你的事你说了算；你要是说不住我们，以后规规矩矩听话，让你洗手你就不能擦擦了事。"

我看他似乎准备好了，就说："听过自然人和社会人是什么意思吗？"他说："自然人大概和野人差不多吧；社会人就是文明一点的人。"我说："通俗一点说，你刚出生的时候就是个自然人，只知道吃喝拉撒，高兴了就笑，不高兴就闹，别的什么都不管。可当你受到各种教育，有思想，有人格和自尊的时候，就逐渐是个社会人了。你现在希望拥有更为独立的生活，就是说你想做一个彻底的社会人，但这是一个循序渐进的过程，急不得；其次，社会人不只是更为独立，同时也意味着相应的社会责任。如果你有这个能力，我们现在就可以放手让你享受一个彻底的社会人的一切自由，如果你做不到，那你就没有资格要求这个，同意吗？"他点点头，抬起头来看我了，我估计他想知道他能不能做到一个社会人必须做的事。

"比如，你要是能养活自己，那家人就不会干涉你的合理需求了。你要是还得让家人养活，那就意味着你还附属于这个家庭，家里对你的要求，只要是合理合法的，不管你乐意不乐意，你都得接受。所以说，要不你露两手让我们知道你能独立了，要不你就本本分分地做个有待成熟的社会人。因为你是社会人，所以我们充分尊重你应该享受的权利，但因为你还不能做个彻底的社会人，那你就不能连着好几个小时玩电脑，假期整天不学习。你越有实力，你的社会人资格就越充分。一个将军肯定比一个士兵的权利更充分，一个老师肯定比一个学生的自由更充分。好了，现在你该睡觉了，但你要知道，你睡觉的床和被子可都不是你自己赚来的，所以你得把握好自己的角色。要是不愿意担责任尽义务又想享受权利，你自己说成不成吧。"

过了几天，我这朋友给我打电话请我喝酒，说了一句话："服了，那小祖宗还真让你给办了。"有意思的是，后来那个孩子过来找我，让我把那天说的话给他写下来，他说想多琢磨琢磨。

这是一则非常特别的沟通案例，事后我反思了一下，其中的弊端是神态和言辞不是很庄重，而且显得啰唆。但又觉得成功点也恰恰在这里：由于我们的不庄重无形中降低了自己的位置，自然也就消除了孩子的对立情绪，缓和了气氛，建立了沟通的基础；详细地抽丝剥茧地进行分析，层层推进，也容易让孩子信服。

另外，选择沟通的途径非常重要，面对面沟通不见效的时候，我们可以选择电话、书信、QQ等方式，还可以通过第三方，比如孩子的老师和同学居间传话。当因为某些原因，我们与孩子面对面沟通并不适宜时，这一条就显得很重要了。

c．沟通环境与沟通情境的选择与创设。

首先，要根据沟通的目标确定在场的人数，这一条很关键。如果是在孩子正心理矛盾的时候想了解孩子的真实想法，即便是父母，也不妨先由一个人与孩子交流，另一个回避一下，等适当的时候再加入进来。因为越是心里话，越不希望太多的人听到。当然，如果要表现对孩子的信心和赏识，那就基本不考虑场合了，尤其是在人多的时候，更要毫不保留地表现出对孩子的赏识。不过，如果主要是为了解决孩子的错误而进行沟通，这个赏识不宜说得太多，喧宾夺主也不好。

其次，无论什么样的沟通，在平和宁静的环境中肯定是好的。所以我在文中几次提到温馨的家庭晚宴是沟通的良好环境。与孩子出去散步也是一个不错的选择，公园里、树荫下、草地上、星空下，都是很适合沟通的。

如果是在家里，可以适当地播放一些轻音乐，悠扬的旋律可以在很大程度上消除孩子的顾虑和压力，让孩子放松情绪，更容易进入理想的沟通状态。

3 根据孩子的实际情况来
制定教育目标

　　有一个学生，从小学习刻苦，但思维不是太灵活，成绩一直处于中上水平。初三的时候，孩子将中考的目标定在二级高中的档次上，遭到了父母的坚决反对。父母认为如果不能考上重点高中，将来考上重点大学的希望就非常渺茫。他们如此渴望让孩子上重点，倒不是由于对名牌学校的狂热，而是因为只要孩子能考上随便哪一所重点大学，将来就业时一个亲戚就可以帮孩子得到一份许多人梦寐以求的工作。孩子也知道父母是为了自己好，所以努力拼搏了一年，如父母所愿考上了一所重点中学。但是中考结束后，孩子就病倒了，在床上躺了十几天，还落下了胃病，进入高中后身体状况一直不是很好。孩子为此曾多次向家长表示想要轻松一点，但家长坚决反对，甚至从来没听孩子把话说完。当孩子用写信的方式向父母倾诉时，父母也只是简单地回了一句："孩子，不吃苦中苦，难为人上人啊。现在吃点苦总比将来找不到工作强。爸爸妈妈都是为你考虑啊。"到了高三的时候，这个孩子不只是身体吃不消，精神状态也有些吃不消了，老师为此专门与父母联系，表示希望不要把孩子逼得太紧，怕出问题。这可能是父母的最后一个机会了，可惜的是，父母仍然没有意识到问题的严重性。

终于有一天，孩子把所有的书籍资料都扔了，回家后在茶几上留了一张字条："求求你们别再逼我了，我宁肯去讨饭也不要那份工作了。你们再逼我，我就离家出走。"然后走进自己的房间，任凭父母亲友老师同学百般劝慰死活不肯出来，很多时候压根不答话。有一位与他关系很好的同学与他交流时，他说："学得太过了，就像吃饭撑着一样，想想就要吐。"

也有相反的例子，不少家长怕把孩子逼得太紧会出问题，所以不仅对孩子的学习成绩不做严格的要求，甚至对孩子的学习态度和生活态度也是睁一只眼，闭一只眼。我在一所学校交流学习的时候，偶然碰上一位家长向我借火想抽烟，看他愁眉苦脸的样子，我随口问了问，原来他的孩子在外面参与赌博，被派出所抓了，结果又牵扯出盗窃学校财物的问题，现在派出所正带着孩子在学校调查情况。他说："以前看那些严格要求把孩子逼出事来的报道，真的很害怕。以为就算他不听话，犯点错误，将来也顶多是个没出息，总比出了事情强。没想到还是出了事情。"其实，只要是正确合理的要求，有几个孩子能出问题呢？

这都是因为我们制定教育目标的时候，过严或者过宽。

我曾经和许多家长探讨过如何制定一个符合孩子实际情况的教育目标，发现其中存在几个比较大的误区：

1. 不考虑孩子的实际情况，盲目提出较高的要求，比如一定要考上哪个档次的大学，这种情况最多。

2. 不结合孩子的想法，以自己的想法为主导。这样的目标也许是经过深思熟虑的，却让孩子失去了达到目标的兴趣和动力，甚至明知道这个目标是非常正确的，也会控制不住地抗拒。

3. 只有一个总目标而没有阶段性目标，让人觉得太大太远，难以实现，最后成了空中楼阁。

4. 目标过于单一，比如高中生的教育目标常常被单纯指定为平时考多少分，将来考上什么样的学校。对于成绩不佳的同学来说，他们恐怕在短时间里很难实现这些目标，就会导致他们丧失奋斗的信心，甚至会让他们觉得自己一无是处，从而自暴自弃。

有次学校组织青年教师演讲比赛，我说了这么一段话："高考成绩如果达不到录取线，也就失去了任何实质性的意义。考300分和考30分，结果是一样的。由此而言，相当多数的学生就失去了奋斗的动力。因为他们根本连一个实质性的有意义的教育目标都没有达到。"

有一首歌叫《我是一只小小鸟》，歌词是这样的：

每次到了夜深人静的时候我总是睡不着，我怀疑是不是只有我的明天没有变得更好，未来会怎样究竟有谁会知道，幸福是否只是一种传说，我永远都找不到。

给他们制定一个能够激发他们的动力，让他们看到希望的目标，千万别让孩子们觉得"只有我的明天没有变得更好""幸福只是一种传说，我永远都找不到"。

所以我们制定教育目标的时候要注意这样几点：

1. 要充分考虑孩子的实际情况，充分了解孩子各方面的上限和下限。

这很重要，有句俗话形容急于求成者"还没学会走就想跑"，就是这个道理。我们都知道，对于不到1岁的孩子，不能在他们还没学会爬时就让他去学习走路。无论对于什么年龄的孩子，都要根据孩子的实际情况制定目标，避免伤害孩子。现在有教育专家认为，孩子上学前学太多的东西并不是好事情，它反而可能导致孩子某些潜力的丧失。我赞同这个观点，比如，让孩子早早地知道月亮上除了荒山什么都没有，就容易影响孩子想象与幻想能力的发展。

有的家长不断提高孩子的发展目标，这也未必合适。从理论上来说，人的潜力确实是无穷的。但到现在我还没见过一则能够彻底开发孩子潜力的理想案例。所以当孩子到达一定的程度时，要允许孩子有调适的时间，让他有一定的

"盘旋空间"，不要一味强调"一飞冲天"。

我向一位前辈请教如何开发学生潜力的时候，他没有直接告诉我该怎么做，而是建议我先去看看《易经》。我想了一段时间明白了，关键在于"亢龙有悔"，冲得太快太高，危机可能就越大。制定学习目标时也是这样，不要总说"下次再进步多少名"，去征求一下老师的看法，问问孩子的感受，分析一下，是否可能实现。你让他从30名进步到20名，那是可能实现的。但要让他从第二名考到第一名，难度就要大得多。

著名教育家杜威说："教育本身并无目的，只有人，即家长和教师等才有目的。"教育目的只是我们对孩子的一种期望，教育目标在很大程度上是强加在孩子身上的，所以我们更要考虑孩子们的意见，否则非常容易招致他们的反感和抗拒。很多家长为了孩子的全面发展，给孩子选报一些艺术辅导班，结果孩子说："要学你去学，我不学。"不妨问问孩子，假期里有什么想法，有没有兴趣参与一些学习以外的活动，你喜欢哪一类，这些都不喜欢的话，那你的设想是什么等。有一个孩子告诉家长："假期里除了到同学家里转转，什么都不想做。"这位家长就引导孩子去学习社交了，真是明智的做法。

2. 要考虑到客观条件的影响。

个人的发展一定会受到客观条件的影响，在制定教育目标的时候，要充分考虑并利用这一点。例如，中考结束后，一些成绩比较理想的同学进入了重点高中或重点班，家长会觉得孩子前程远大，还没调查清楚孩子在这个新集体中到底处于什么样的位置，就要求孩子一定要达到什么名次。这是最典型的一种不考虑客观条件的行为。我们不否认，不少入学成绩刚刚达线的同学，也会得到很好的发展。但更多的学生，会面临一个困境，就是"原来是龙，现在成虫"。毕竟在中考的选拔后，各个学校各个班级的精英会聚在一起，孩子面对的是一个全新的竞争环境，也许他以前考第一易如反掌，但现在想进前十都得拼尽全力，想改变这一情况，需要在基础知识、学习方法、思维模式、心态等各个方面进行调整，在较长时间之后才有可能实现。家长不可简单地将之归结为孩子的努力和态度，只要是竞争，在每个环节每个层次上都会有淘汰，如果不能理性地对待这一问题，长期对孩子提出不现实的要求，就会严重挫伤孩子的积极性。

当然，如果能巧妙地利用客观条件，也会有很好的效果。比如，一位家长在孩子刚刚达到重点班录取线的情况下，考虑到孩子学习扎实努力，但对新知识、新问题的反应速度不是很快，属于"慢工出细活"的类型，与其在重点班被拖着走，不如在普通班得心应手。因此，他与孩子商量后放弃了这一机会，果然，孩子的高考成绩比许多中考成绩与他不相上下的同学高出很多。

3. 发展目标要全面。

就像我们平常所说的那样，"体、德、美、智全面发展"。这里我想顺便说说，起初通行的说法是"德、智、体、美"，现在很多人说成了"体、智、德、美"。我们可以在不同的排列顺序上得到一些启发。

家长看到小孩子们画画时，经常说孩子画得不像，然后纠正他们。有的人甚至断章取义地从一些书籍资料中寻找依据。一位家长曾拿着一本《幼儿教育资料汇编》让我看，上面写着："让幼儿认识客观世界的具体事物，认知物体的形态、结构、色彩、气味、大小、长短、粗细等外部特征及其数量关系、时空关系等，必须是科学的、唯物的、辩证的。"所以他希望孩子的画能比较真实地把这些再现出来，我为此专门请教过幼儿教育专家和一线的幼儿教师，原来后面还有一条"幼儿教育不以传授知识的多少为主要目标，重在发展幼儿素质，开发幼儿智能和创造性才干，培养良好个性品质，提高适应社会环境能力等"，请注意"创造性"这三个字。这一点很重要，如果孩子在了解了月球的特征后，一想到它，脑海里就浮现出一座座的环形山，再没有嫦娥和玉兔，就实在是一种缺憾。

从幼儿阶段开始，我们衡量孩子是否全面发展，就至少有五个方面的标准：生理健康、自然科学、社会科学（包括思想品德和心理健康）、语言知识和能力、艺术。艺术是需要联想和想象的。所以，在孩子的世界里，西瓜可以是方的，树叶可以是红的，蚂蚁可以比大象高的。

4．发展目标要明确而细致，不要笼统模糊。

我们常常把对孩子的期望作为教育的目标，其实这很不合适。比如我们都期望孩子做一个有礼貌的人。但究竟什么才是讲礼貌？比较通行的说法是：孝敬父母，尊敬师长，礼貌待人，与同学友好相处，这就非常笼统抽象，还不如具体地要求他们：见到长辈要向他们问好，要用尊称；无论上课还是与人约会，要按时或者稍微提前些到达；对人微笑；与别人打交道时要考虑到别人是否方便；尽量不要在你坐着而别人站着的时候与别人说话……这样，他们就很容易了解自己该怎么做。

就这样也未必容易做到，有学生问过我："老师，你说迟到要喊'报告'，上课时有事出去要向老师说明情况，可有的老师觉得这样会打断讲课的思路，那这样做不是显得更不礼貌了吗？"所以说，未必我们觉得自己在讲礼貌就一定是正确的，最好事先了解对方对此的理解，而且要顾及到具体的环境。

可见，目标制定得越细致，越容易检验其是否合理，孩子也越容易理解并达成。

5．发展目标既要有阶段性又要有连续性。

阶段性目标容易让孩子拥有希望和动力并收获成就感，连续性的目标又可以防止他们止步不前，这两者要有机地结合起来。比如在孩子初三和高一的时候，我们给孩子制定的学习目标可能是"考上哪所高中""为高中学习和高考成功奠定良好的基础"。这就造成了孩子中考放假之后发展目标的断档，所以严谨的家长会加上这么一条："做好初中和高中的知识衔接。"

我问一位家里经济条件并不太好但在初三暑假请专职家教给孩子补课的家长："那么多补课班没一个合适的吗？毕竟请专职教师的费用要高很多。"家长说："补课班要不就复习初中知识，要不就预习高中知识。单纯复习旧的孩子兴趣不高，主要学习新的又可能影响孩子开学后的听课兴趣。我请老师专门讲初中和高中知识的连接，就可以避免这种情况。"这位家长就很了解假期的教育目标该如何制定和落实。

6. 教育目标不要与奖惩机制挂钩。

我们可能经常对孩子说："如果你能做到我要求的，我就给你什么样的奖励或者满足你什么样的愿望。"这很不合适，最好是让孩子意识到实现这个目标，乃至为这个目标奋斗的过程本身就是一种非常美好的体验。当然，我们也不要强横地告诉他："这就是你应该做的。"孩子们未必理解这个，需要耐心细致地引导他们去体味其中的乐趣。

别用情商
换智商

1 孩子要的是100分的成长，而不是100分的成绩

　　1991年11月1日下午三点半左右，美国爱荷华大学物理系大楼三层，一群美国乃至全世界的顶级科学家正在举行一个专题讨论会，在一片热烈的学术气象中，一个青年学者把手伸进了手提包里，他掏出来的居然是手枪。短短十几分钟时间里，他先后杀害了五人，重伤一人，其中包括他的恩师戈尔咨教授、老乡兼同学山林华博士，然后举枪自杀。其后很长时间里，许多人对凶手的身份和举动难以置信，因为，这个凶手，爱荷华大学空间物理学博士卢刚，在绝大多数人眼中，绝对是一个优秀的人物。他轻松地考上了北大，顺利通过了公派留学选拔，进入世界闻名的爱荷华大学物理系，师从世界公认的理论太空物理大师戈尔咨教授，留学期间成绩全"A"，其分数曾打破该校物理系的历史纪录，如果这些还不足以说明他的智商，那么我们再看看他的研究领域——"电浆"（"等离子体"），那是自然科学研究中一个极其超前的领域，据说当时全世界也只有三百余名科学家有能力涉足其中。以这样的智商，做出如此愚昧之事，问题就不能只从智商上分析了。

　　在自传《曼哈顿的中国女人》一书中曾详细记录、反思这一案例的作者周励说："青年精英的心理承受能力正在不断下降……由于急功近利，从少年班到出国留学一路开绿灯，整个社会对这样的英才捧着、护着，造成他们极端的个人中心主义、风头主义特征，唯我独尊，目空一切，根本没有承受痛苦和挫折的心理准备。"

为此，她大声呼吁"救救孩子的未来"。

在该书的最后，她说："我心中涌起一股亲情，那是一种从多灾多难走向绚烂，又从绚烂走向宁静的心境，不管一个人富有还是贫穷，人总是按照自己的本质在生活。又是一个明媚的春天，太阳依然在照耀，鲜花依然开遍大地，不管有多少丑恶的东西存在，生活仍然是美好的。"

勾起她这种心绪的，是电影《金色的池塘》中的主旋律。我看到这一段的时候总在想，只要有坚定的信念，百折不挠的毅力，良好的心态和纯洁的心灵，无论起点多么低，无论道路多么坎坷，终有一天，能找到属于自己的"金色池塘"。反之，只能陷入无法自拔的泥潭。

而这种情商的培养，偏偏就是我们经常忽视的。

"离离原上草，一岁一枯荣。野火烧不尽，春风吹又生。

远芳侵古道，晴翠接荒城；又送王孙去，凄凄满别情。"

这是小学生人人都能流利背诵的一首诗，但仅能背诵而已，到了初中、高中，他们会说："这首诗表现了野草旺盛的生命力，反衬人事的短暂多变，烘托离别的氛围，表达作者的感情。"就算是到这一步，也算不上理解，因为这是在老师的定向思维引导下，半强迫地得出的结论，而有的老师，干脆就把这些话直接写出来，让学生抄下来，背下来，考试的时候"象征……多少分；烘托……多少分；表达……多少分；整体思路再得1分，就是满分了。"如果我听到哪个老师在解题之余补充一句："做人也应该像野草一样"。尤其是初中、高中的老师这么说，我已经很高兴了。小学老师倒是常说，因为小学有时只教前四句，为的就是学习这种精神。

有一次，一个朋友打电话给我说：孩子周练的试卷上有道题，是让孩子说说对这首诗的感悟，孩子的答案是这样的：星星之火，可以燎原，一颗种子也可长成无边无际的草原，做人是一定要有希望的，只要有一点希望，经受了野火和风雨的洗礼就可能获得很大的成功。

因为这种事情见得多了，我马上明白了他的用意，我说孩子鉴赏得不错，但想让老师给他高分是不可能的，因为高中阅读鉴赏的一个基本原则是要全面理解材料，简单点说一切答案要往中心思想上靠，任何争论都是无用的。人在屋檐下，怎敢不低头啊，只能嘱咐朋友给孩子解释清楚自由鉴赏和考试鉴赏的区别，别把孩子的心给伤着。考试是一个"见招拆招"的过程，自由发挥的空间很小，应当说，孩子的那段体会确实是用心写的，是发自内心的体悟，这从字里行间能看出来。这种体会对于孩子未来的人生之路是有相当的积极意义的，为了高考得分就给一个简单的红叉，长此以往，会让孩子觉得认识、体悟和感受人生并不重要，与参考答案一致才是最重要的。

我们不妨静下心来想一想，对于一个正在为未来的人生储备能量的孩子而言，到底是拥有希望、拥有百折不挠的勇气重要，还是理解这首诗的标准答案重要？也许有人会说，培养孩子的那些品质，自有别的渠道，何必非要在这件事上钻牛角尖，可我想说的是，对于其他品质的培养，除了谈话和开会时教育式地分析嘱托一番，也没见什么特别有效的渠道，毕竟孩子多数时间是在学校里，在课堂上。

当然，现在许多学校开设了第二课堂，甚至开展了专门的活动，例如，要求孩子们为家长洗脚，甚至向家长跪拜磕头以示感恩；设立德育评价体系和量化考核方式，要求孩子不和父母顶嘴，不和同学吵架闹矛盾，每周至少要做三件好事，参加一次公益活动等，可我们不得不说，这实在只是一种形式，情商、道德、思想、观念、心情这一类东西是能量化的吗？

家长们为了提高孩子们的成绩，真可谓用心良苦，恨不能让孩子一天能学二十五个小时。但家长们是否考虑过，如果孩子的心智只局限于成绩和名次，根本无法很好地与人相处，无法在与他人的交往合作中获得快乐，甚至根本无法融入社会，那即便他将来学贯古今，"分"高盖世，他是否能体会到人生的幸福呢？曾有一位家长反驳："不会和人打交道可以去实验室搞科研。"这位家长也许不明白，当今的实验项目，有几个是可以一个人包揽的？在社会多元化的今天，只要善于与人合作，只有撑着的，没有饿着的——这话不是我说的，是一位公认的情商高分数低的学生步入社会两年后说的，在别的同学还在为工作奔忙的时候，他的企业已经小有规模了，而且过得很幸福，对未来充满期望。

我们并不是说情商比智商更重要，或者说智商（分数）就根本不值一顾，这是一个问题的两个方面，我常用"一个中心，两个基本点"的说法说明两者的关系，一个中心是指孩子的发展，他一生的幸福；两个基本点就是指情商和智商，也可以说是成人与成才——心灵的成熟与智能的提升。对于孩子的成长与幸福而言，这两者是缺一不可的。但有许多人，不仅是家长，也有老师，或为生活所迫，或为大势所趋，或因为自己的某些独特经历和认识，无奈或者心甘情愿地走极端。

有一年夏天，我去探望一位朋友，正碰上他的孩子开学，他邀我一同去学校看看。这所学校在当地几十所中学中排名前三，在全省都很有名气，他花了不少钱，找了很多关系才把孩子分到了一年级最好的班。由于是开学第一天，家长被允许进入校园，把孩子送进教室时，发现老师已经在黑板上留下放学后的作业，我和朋友一看，当场都怔住了。这里列举其中一部分：

找出《三国演义》中的十大名言

找出《红楼梦》中最著名的十个角色

找出《西游记》中的十大神仙

找出《水浒传》中你最喜欢的十个角色

找出十部对你有教育意义的科教片

想出几种与学习有关的游戏，不少于三种

预习新内容并写出学习体会……

当时孩子的班主任正在教室门口接待新生入学，不少家长已经在教室里匆匆忙忙地帮着孩子抄作业，朋友和老师寒暄几句，也急忙加入这个行列，我趁这位班主任接新生的空当向她请教："这么多作业一个中午能做完吗？"那位老师看了我一眼，似乎有些看不入眼的意味，说："能来这个班的，都是成绩最好的学生，连这点作业都完成不了，将来怎么争先争优？"我又问："孩子们能做出这么难的题吗？"她连看我也不看我了："你们做家长的帮忙，再不行上网去查，一年级的学生了，连这些起码的知识也不具备，将来怎么得了？"我问了第三个问题："你们这儿一年级就要做这么难的东西吗？高中学生都不一定能做得出来。"这回老师直接藐视我了，转身回到教室，让家长和老师暂时停下，开始讲话。

她首先回顾了自己所带班级的成绩几乎年年第一，得过多少荣誉，出过多少优秀学生，得到过多少嘉奖。因此，这个班可以说是"重点中的重点，精品中的精品，能为孩子考重点中学和重点大学奠定良好的基础"。她甚至还谈到能进入这个班的学生，其家长都是有头有脸有能力有地位的，多少人削尖了脑袋想让孩子进来也没办成，因此，要求家长和学生都珍惜这难得的机会，用优异的成绩为班级增光添彩，然后，对家长和学生都提出了极其严格的要求，例如在别的班保质保量地完成作业就值得表扬了，但在这个班是远远不够的，如果谁的作业不能超量，那就只能是拖班级的后腿；又例如在班里说话、打闹，那就是给自己抹黑、给老师抹黑、给家长抹黑、给班集体抹黑、给学校抹黑。

她要求家长要"统一思想，提高认识，要与学校和老师保持高度统一，配合老师把孩子教育好"。例如，"除了老师指定的书外，不要乱给孩子找书看，因为老师指定的书都是经过严格审查的；除了老师组织的活动外，不要胡乱带孩子参加什么活动，更不要带孩子旅游什么的，因为老师组织的活动全都经过了精心的设计，家长们带孩子随意活动，只能是浪费时间；一定要严格地督促孩子保质、超量完成学校和老师的全部要求——超量，一定要超量，只有超负荷的压力，才能培养出超一流的人才。"

　　我实在听不下去了，向楼下走去。快到楼梯口的时候，我忽然听到楼道尽头的教室传来歌声，是老师和学生一起在唱《歌声与微笑》，虽然孩子们连节拍都拿不准，甚至根本唱不齐，但我能听出来，他们唱的是那么认真，那么开心，我走到那间教室外面，看见一位教师一边唱歌，一边在过道中穿行，和每一位同学握手、拥抱。她看见了我，误以为我是某个孩子的家长，安排孩子们继续拍着小手歌唱，然后出来接待我。我也正好想和她聊一聊，于是问她，为什么只有她这个班在唱歌，其他班都在强调学习和纪律。她笑了笑，告诉我：以前学校几乎每个班都唱歌，后来为了提高学校的知名度，提升学校排名，高薪聘请了一批名师，狠抓成绩，成绩和学校排名很快上去了，但没人敢让孩子们玩了，因为竞争太激烈了，稍微管得松点就得坐"红板凳"，谁还敢？我问她为什么还敢"冒天下之大不韪"，她说不忍心把孩子管得那么死，因为她也是个母亲，她不希望孩子们每天沉闷压抑地生活，"我希望孩子们要100分的成长，不要100分的成绩"。

　　孩子们很快把她叫回了教室，我打手机把朋友叫了出来，让他到这里看了看，建议他把孩子调到这个班，他听了我的建议，居然像看怪物一样看着我说："你疯了？你不知道，这所学校排教室是按照教学质量的好坏，最边角的教室，说明这个班肯定是所有班级里最差的？"我的回答是："你首先搞清楚他们关注的到底是教育还是教学，是教学质量还是考试成绩。你也是科班出身的人，应该知道其中的差别有多大，尤其是对于才刚刚开始学习生涯的孩子们，最重要的是兴趣，是开发他的潜力，不是灌给他多少东西，你家孩子的那位老师，可能会教出一群高分的学生，但培养不出高能力的学生，更培养不出品格健全的孩子，因为她是在管在逼而不是在培养引导，你想想，刚才那些作业，你这个本科毕业生能做出几道？即便做出来，对孩子有多大的意义？更何况有的作业根本就不应该出——哪部科教片没有教育意义，否则还叫科教片吗？特别是那有效的学习方法，那是说找就能找到的吗？也许她在具体的教学中确有一些独到之处，但从根本上说还是在死教死管，最终的效果只能是教死管死。我建议你把孩子调到这个班，原因很简单，这个老师'不忍心'，这才是最适合孩子们成长的沃土，别看这个教室位置偏僻，只有这个教室充满了阳光。"

我建议他去调查一下，至少找些真正了解情况的人问一问。过了两天，朋友对我说："有些事说了还真不敢相信，校长把孙女儿和两个亲戚家孩子都放在那个最差的班，副校长的小侄儿也在那个班，据说那位老师带出来的学生越往高年级优势越明显。"我问他那个"精品中的精品，重点中的重点"情况如何，他说："好多人听我问了这个就打哈哈，说现在成绩肯定是没问题的，至于素质教育什么的嘛，既然成绩没问题，估计也应该没什么大问题吧……"

事实上，像这种拔苗助长的做法，不仅是拿"情商"作为换取"智商"的代价，就连真正意义上的"智"也得不到。

2 良好的"情商"是
建筑人生广厦的基石

在这里，我想简单介绍一下所谓的"情商"与"智商"，到底是怎样的两个概念，我们可以通过对它们的认识，来明白许多人在这个问题上犯的错误有多么严重。

首先说智商，它实际上并不是指知识的积累或学习成绩的高低，而是指与智力相关的某些能力，如观察力、记忆力、分析判断的能力、想象与联想的能力，由此可见，即便是不学无术的人，它的智商也未必低；就算是学富五车的人，他的智商也未必高。

这也就意味着我们采取的很多方法，尤其如我前面说到的例子中的那些做法，并不是在提高智商，也就是我们所谓的高分低能，这就是我在本章中将许多"智商"加引号的原因，那样的做法，孩子们连智商都得不到。

而情商呢，据"情商之父"丹尼尔·戈尔曼在他的著作《情商：情商为什么比智商更重要》中所说，是指情绪、情感、意志、毅力，经受挫折与打击等方面的品质，他进一步分析到，绝大多数人的情商并没有明显的先天差别，更多的是后天培养影响的结果。许多孩子对学习没兴趣，只是被逼无奈地学，说到底，就是后天情商培养的缺失。

遗憾的是，丹尼尔在他的著作中似乎并没有给情商一个完整的定义。后来有专家将之概括为如下几个方面的品质：了解自身的情绪、管理与控制自身情绪、自我激励与调整、了解他人情绪、处理人际关系等。

我们看到这些时就不难明白它到底有多么重要，即便是对考试成绩而言。

事实上，除了情商与智商之外，还有德商、心商、胆商、意商、志商、灵商、逆商、财商、职商、健商、体商等，我们一般所谓的情商，大致包含了除后四者外的全部，现在想想，为了成绩而"挑灯夜战"付出的代价有多么惨重。

现在有一句流传很广泛的口号，"让孩子赢在起跑线上"，这绝对是明智的，教育就是要从娃娃抓起，越早落实，效果越好，而且许多人已经注意到了"胎教"，那就不是让孩子赢在起跑线上了，而是赢在出生前了。可不少家长对这句话的理解都失于偏颇，他们单纯地认为，孩子的成绩越好，就越赢在了起跑线上，这是一个非常严重的错误，成绩只是学习的衍生品，连学习知识的结果都谈不上。因为考试时学生完全处于被动的地位，并不能扬长避短地发挥自己的长处，就算你学会了99%的知识，你照样有可能考最后一名，因为考的也许恰恰是那1%。而要掌握所学的全部知识，对于一个学生而言，非但是不可能的，更是不必要的。退一步说，即便可以掌握全部知识，也不可能拥有全部能力，所以，"赢在起跑线上"与考高分、考满分没有任何必然的联系。

我认识一对父母，他们的孩子很淘气，但孩子们的淘气中总透着一种灵性，一种创造力。他做数学题经常做错，例如，他明明知道1+1＝2，但考试的时候偏偏要答成11。父母问他为什么，他说："你们告诉我1+1＝2，但是我怎么想怎么都觉得两个1放在一起是11呀。"在这种逻辑的支配下，他的数学成绩可想而知，父母也经常被老师叫到学校接受"再教育"。幸运的是，他们并没有因此而对孩子有丝毫责备，而是小心翼翼地呵护着他的这种直观的想法，他们对我说："在孩子的眼中，加就等于放在一起，两个1放在一起就等于11，两个2放在一起就是22，为什么一定要强迫他们改变这种想法呢？你告诉古人地球是圆的，谁会相信？你告诉现代人地球是圆的，谁会不信？学习加法，固然是孩子的任务，但迟些掌握也不是多么大不了的事情。孩子有自己的想法，还能说出道理来，不是强词夺理，是他认真想出来的，这了不得，比考好要强得多。"

当然，他们的这种想法也有值得商榷的地方。例如，在这件事情上，保持孩子的这种品质与让孩子学会加法，这两者不是不能兼得的。因为，孩子之所以做错，是因为他没有搞清楚"加"和"放在一起"是有所不同的，只要告诉他"放在一起"是一种做法，"加"是另一种做法，他就会明白自己的问题在哪里，而且也绝不会影响他的创造性。

当然，对于不从事教育职业的父母而言，他们的处理方式已经难能可贵了。说实话，这么些年，能在深思熟虑之后这么放得开的父母，我只见过这么一对。

事实证明，他们的做法是明智的。孩子学减法时，开始觉察到自己的那种想法有问题，到后来学乘法的时候，他自己就彻底否定和放弃了原来的想法，最妙的是，他由此发现了一条真理：好多事情和自己想的很不一样，这真的是很有趣，真的很神奇。从此以后，他的学习就再没让父母操心过，因为他每接触一个知识，都觉得很新鲜，很有趣，他的口头禅是"原来还有……"例如"原来还可以除""原来'我'还可以说成'I'""原来小数点那么有用""原来作文还可以这样写"……到他升入初中的时候，他的成绩已经是绝对的第一了。我相信，如果他的这种兴趣能一直保持下去，将来他取得任何成就都不会让人觉得意外。

当孩子刚上小学就拿那样一份"惨不忍睹"的试卷给你看时，你能像这一对家长那样想，那样做吗？

有个孩子放学回来，把作业给父母看，其中一道题是让学生根据给出的范例填空。范例上画了一个月亮，下面写着一个"月"字，后面的题里画着一棵柳树、一头大象和一条金鱼，孩子在相应的空格里填了柳树、大象和金鱼，结果一连得了三个大红叉。孩子问老师为什么，老师让他回家问家长，家长想了半天也想不明白，又打电话给老师，在被老师数落半天后才被告知：范例里写的是一个字，所以答案也只能是一个字，应该写柳、象、鱼才对，父亲一听这话，回头就抽了孩子一嘴巴，"连一个字两个字也数不清。"

给我讲这事的人说，从那以后，孩子就很少做作业，也很少和人说话，甚至考试交白卷，父母刚开始还打，后来打累了，打烦了，也就无可奈何了。那位老师则因为这个孩子拖班里的均分，好说歹说让家长把孩子带回了家，家长也曾给孩子转过两所学校，但终于无可奈何地放弃了。从此，这孩子除了挨打就是撕书、撕本子、撕挂历，只要有字的或能写字的东西一概撕得粉碎。

这样的老师、这样的家长、这样的题目，一个还未真正开始人生旅途的孩子，他的未来，就这样被撕得粉碎……

孩子的心理创伤，即便难于解决，总还有挽救的可能——脉脉的温情可以融化坚冰。曾有一位农民家长用他简单直观的语言表述他对这个问题的认识："考不上好大学，找不到好工作，回家种地、出去打工总能养活自己，要是不会与人相处，当叫花子都讨不来饭。"话虽糙，但理不糙。

一定程度上说，"情商"的基础性作用比"智商"要大得多，如果没有良好的"情商"作为基础，知识的积累和能力的提高都会增加难度，甚至无法实现。

我们不妨遵守几个原则：

提要求要先与孩子讨论，孩子理解并认可这个要求时，才要求他落实；落实的过程中出现问题，先理顺他的思路，端正他的心态，再指点他方法，激励他坚持下去。

我们可以把对孩子的要求分为两种：建议和命令。所谓建议指非常希望孩子做到，但孩子可以根据自身情况选择接受或不接受，或一定程度上接受的要求。所谓命令，是指理解要执行，不理解也要执行，无论如何必须接受执行的要求。一般来说多提建议少下命令，因为，如果孩子不能真正认识到这一要求的价值，就很难发自内心地、积极主动地去落实，而会带有很多应付的成分，是事倍功半的。当然也要注意，一旦下了命令，就要确保它有足够的约束力。

例如超量完成作业的问题，根本就不应该提这种要求。超负荷的运作，别说对于孩子，即便是对于成人，除非有极具诱惑力的奖赏或者发自内心地认为应该这样做，否则是很难接受并完成的，也许在逼不得已的情况下可以保量，但质是肯定谈不到的。反过来说，像那位把1+1算成11的学生，当他以此为契机意识到自己将要面对的一切都如此有趣的时候，我们还需要担心他学习的量或质吗？

有一对父母，父亲是高中教师，母亲是大学讲师。孩子所在的小学举行过一次听证会，邀请部分家长对学校的教育教学方法进行听证讨论，他们很重视，都去了，还写出了详细的书面意见。当他们被邀请发言的时候，母亲说了这么一些意见：

孩子在幼儿园和小学阶段，起码到二三年级的时候，有比较充分的时间无拘无束地玩是非常重要的，当然也可以适时引导，借机传授一些知识，并培养他们最基本的品质，但不能因此而剥夺他们自由玩耍的时间。这个阶段的玩耍，与为了消磨时间进行的游戏不同，它实际上是一个自由探索、自由思考、自由分析与调整自我，从而为成长奠定一个良好基础的过程，因此，我们要创造足够丰富的条件供他们自由体验。这一阶段应当是自由最优先、引导紧跟其后，约束再次，管制在最后……

即使是到三四年级，所学知识大幅增加的情况下，可以削减自由玩耍的时间，但也应该相应地增加引导探索、培养兴趣、开阔眼界、增长见识的时间；至于对道德、意志、心理与生理健康、实际操作能力、正常应对日常生活的各方面情况，如防灾自救等方面的能力的培养，则无论在什么时候都不能放松和削减，而且不能满足于课堂讲授，要有足够的、专门的时间让他们亲自体验。

现场就有不少家长明确表示反对，认为既然找工作时文凭最重要，那从小学开始就应该狠抓成绩，甚至有位家长说："你家孩子再优秀，没有文凭也找不到工作，挣不到钱，找到老婆也没钱买房子。"为此，支持者与反对者还进行了争论。

应当说，他们的建议确实是非常有参考价值的。我的许多同事，孩子也在上小学，他们并没有让孩子放学后就做作业或送孩子到哪里去补课、去学习才艺，而是陪孩子聊天，聊一聊今天学到的知识，今天发生的事情，甚至是新闻报道和电视剧，分析并交流一下看法。周末的时候，再加一顿未必丰富但一定很温馨的晚餐和几个亲子游戏。

6 PART

打造适宜孩子成长的
微环境

1　父母不仅是孩子心灵的港湾，更是领路人

（1）大环境的负面影响不可忽视

教育是全社会的事。在环境方面，这句话显得尤为重要。

我曾向家长们说过这样一段话："都说老师是人类灵魂的工程师，这话听得很有劲，但细想想有推脱责任的味道，一个班六个老师，要建设几十号人的灵魂，可咱们校园这个'工地'外边，却有数不清的人，有意无意地拆我们的台，算算这个比例，地球人都明白，咱们这些'工程师'和家长们的无奈。"

所以我对家长们说：说得严重一点，我们是在进行一场战争，一场特殊的争夺，争夺的目标是孩子们的灵魂，乃至他们的一生。争夺双方，虽然不能说是家长、老师与整个社会，至少也是所有关注孩子们健康成长的人和成人社会里一些负面的人和事。确实，外界环境我们很难把握，更难改变，但如果我们能尽力去净化孩子周围的小环境，情况就会大不一样。

一定要重视环境对家庭教育的影响，净化孩子的生活环境。这是我发自内心的呼声。

一个最简单的做法，如果家长们把孩子想看的电视节目事先过一次，或者陪孩子一起看电视，根据情况予以适当的引导，效果就要好得多。

"长居芝之室，久而不闻其香，与之化矣。长居鱼鲍之肆，久而不闻其臭，亦与之化矣。"这句话的意思是：如果一个人长期处于一种美好的环境中，他会逐渐地意识不到它的美好，因为他已经习惯了；同样，如果长期处于一种污秽不堪的环境中，他也会逐渐地失去对它的反感，因为他习惯了。习惯了也就意味着被这种环境所同化，意味着他的人生观、价值观和人生轨迹会发生相应的改变。所以圣贤才说："蓬生麻中，不扶而直；白沙在涅，与之俱黑。"对于绝大多数人而言，要与环境的影响力相抗衡，真的是难而又难。

很久以前，就有一种说法，把孩子比喻成一张白纸，那么，最后这张"白纸"到底会是一个什么样的结果呢？即便教育者有描龙绘凤的本事，但周围污秽不堪，我们又怎能保证这幅画的品相？这个问题，我曾问过一位从业近30年的教师，他说："那很简单，连一块抹布都不如，为什么不是所有的学生都能教好，原因之一就是他们被环境的负面因素影响得太厉害，他就觉得歌星比老师有魅力。歌星当然有魅力了，想怎么样就怎么样，人们爱听什么就唱什么，给谁谁也扛不住，他要天天唱'我们是害虫'，孩子们就会觉得做益虫对不起自己，毕竟是孩子，就算有分辨能力，也不见得有足够的自控力。"

（2）外界的负面影响到处都可能存在

有对父母在孩子顺利考上高中后，为了方便孩子学习，专门买了房子搬到县城，可自从来到这里，孩子的成绩每况愈下，各种各样的问题却越来越多，简直让父母觉得这不是自己原来的孩子了。可他们无论如何也找不到问题的根源，孩子现在几乎已经不与他们交流了，理由是没有共同语言。直到有一次父母无意间听到孩子与同学的谈话，才发现一切问题的根源竟然只是一个人，是他们家一个普普通通的邻居。这位邻居喜欢来串门，而且三句话离不了一个意思：一切都是浮云，赚钱才是王道。结果言者无心，听者却当了真，一个挺好的小姑娘变成了这样。更令人担忧的是，这些东西一旦在孩子心中落地生根，那几乎就是"野火烧不尽，春风吹又生"。要想纠正过来，几乎难于登天。

随着经济条件的改善，越来越多的家长开始效仿孟母，从农村迁到县城，从普通城市迁向中心城市，更有甚者为了孩子高考录取时能享受较低的录取分数线，花上百万为孩子买京津沪等大城市的户口。这些家长们可以说是费尽心思了，但他们似乎都忽略了一个基本问题：影响孩子的不只是硬环境，还有软环境，软环境中也不只是教育条件，还有舆论和风气。

曾有一对父母为把孩子转入一所好学校，专门在学校附近某高档小区购置房产，可是他们没想到，那个小区的业主们大都经济条件比较好，孩子耳闻目睹都是这些居民们高品位的休闲生活，却忽略了这些人在外奋斗的另一面，产生了一种消极的心理。这就是忽略环境影响带来的危害。

（3）即便是毫不起眼的外界因素也可能对孩子产生巨大的影响

现在的普法栏目非常多，也很受观众欢迎。但家长们也许没想到，它们可能对孩子的心灵造成微妙的负面影响。曾有一个孩子给我写过一封长信，说"看了报纸和电视上的这些报道，怎么觉得社会这么黑暗卑俗呢？再努力又有什么意思呢？"这个孩子没有意识到，并不是社会如此黑暗，而是他的父母喜欢看这类节目，所以导致他接受的信息全都是这样的。

如果说大环境，整体的社会氛围包括社区、邻居确有难以把握的一面，那么有些负面影响就是家长、朋友们无意中亲手造成的了。有学生对我说："老师每天都教我们要诚实，但现在社会上诚实的人往往是最没出息的人，最吃亏也最让人看不起的人。家长也经常是这么说这么做的，可他们对我们说的时候马上就变出另外一套清高的说法，我问他们为什么，他们就说你别管这么多，听我的就是。"

我经常说："现在，请客送礼是再普遍不过的现象，我们无意探讨这种做法的是非对错，这也不是我们所能把握的，我只想请家长们注意一件事，那就是如果你不想让自己的孩子过早地'成熟'——不理性地成熟，那这些事最好先别让孩子沾边。"

人是注定在特定的环境中生活的，环境对人有着不可估量的影响，高中哲学教材中说：一个人受内因和外因两方面的作用，外因的作用很大，但起主要作用的还是内因。所以我曾见过这样一道选择题：

下列各选项中对人的一生起决定作用的是（　　）。

选项有A. 外因　　　　B. 内因　　　　C. 机遇　　　　D. 命运。

标准答案是：B。

当时，我就有些极端的想法：孟子的母亲太遗憾了，她没学过辩证法，否则就没必要累死累活，迁来迁去了，那些削尖脑袋为孩子择校的家长也都是失败者，因为如果他们把孩子生得再聪明一些，还用得着择校吗？

当然，我们并非连最普通的辩证法都不懂，我很清楚上面的想法有错——教条主义，生搬硬套，忽视了主观和客观两方面应当是有机结合的。可我想说的正是，太多的人忽视了这个问题，忽视外因的作用，忽视环境对孩子们的巨大影响，而其中有的人甚至是揣着明白当糊涂。

现在的情况是，大量的很不适合青少年的东西对孩子们已经形成了铁壁合围之势，使相当多数的孩子们难以招架，最终被彻底浸染了。

越来越多的家长问我："电影和连续剧是绝不许孩子看的，可那些'达人''挑战''选秀'类的节目却不知道该不该让孩子们看"。我的回答一直很明确：除非你有足够的把握正确引导，除非你的孩子有足够的认知能力和自我控制能力，否则最好不看。

因为节目呈现的，都是"一步登天"的捷径，通过了、选上了，一夜之间名利都有了。从一个在荒原上跋涉的追求者突然转变成了一名聚光灯下的公众人物，享受着众星捧月的骄傲满足，谁不心动？

可太多的孩子们不能真正地意识到其中的真实含义，我曾对此作过一项调查，问题很简单，就是这些节目给你的真实感受。我在问卷上特别强调，必须是真实的。

孩子的答案大致有以下几种：

A，只要通过了选拔，我就再也不用在深不见底的学海中挣扎了，我很想去参加，很想通过，尽快通过，现在就通过，无论如何要通过。

B，理由同上，所以要有可能，我很想上去试一试，也许多试几次说不定就成了，再怎么说也比一步步往上爬合算。

C，成功是需要在漫长的时间里用勤奋和汗水筑基的，台上一分钟，台下十年功，为了自己将来的辉煌，我还得继续刻苦。

D，每个人都有自己的生活之路，我未必适合这种"青云直上"的"快进"式人生，还是踏踏实实做自己的事，走好自己的路吧。

E，这种人生是"透支式"的，也许就是"伤仲永"的现代版，我一般会选择拒绝这种诱惑，因为越是巨大的诱惑，就可能潜藏着巨大的危机。

其中持着第二种观点的人最多，占到62%，持第一种观点的次之，有11%。

2010年高考全国一卷的作文题是一道漫画型材料作文题，其大致意思是三只猫看着前面盘子的鱼，嘲笑着另一只努力捕鼠的"傻猫"："有鱼吃还捉老鼠"。

是啊，明明有着一步登天的捷径，谁还不惜汗水、不辞疲倦地在人生的荒原上耕耘，如果真有这样的人，那一定是"傻帽"了。

这些家长们没有意识到，这种做法中隐藏着两个危机：

一是这种选拔其实比升学考试的选拔更为严格，淘汰率更高，在一个选手出位的背后是无数选手的淘汰，也许你的孩子在同学们中比起来确实有比较出色的才艺，但在专业标准面前恐怕就不像你想象的那么乐观了。如果把孩子的前途寄托在这条路上，势必要耗费许多的时间和精力进行准备，一旦落空，用升学来补救也很困难了，毕竟学习是要充分的时间保障的。而且，孩子们的心态也会受到影响，不经过调整，不是那么容易就能马上转换到理想的学习状态的。

二是这种选拔多数情况下本身就是一种娱乐性质的，并非一种专业的评定，因此即便有所收获，它在孩子未来的发展中并不能起到太大的作用。

所以，家长们一定要引导孩子认识到，这只是一种娱乐和调剂，看一看，参加一下有益无害，可以帮助孩子放松心态，调剂生活，但多数情况下不值得投入很多时间和精力，更不可以把未来作为赌注押在上面。套用收藏界的一句话：选秀有风险，入行须谨慎。人生的道路还是需要自己一步步扎扎实实地走。

因此，如果家长不能引导孩子们理性地认识这些问题，孩子们就可能迷惑于这些炫目的泡沫而受到负面影响。

（4）如何避免不利因素对孩子的影响

首先，父母应该尽量做到心中有数。我们应尽量注意孩子可能接触到的事物，分析其影响的好坏强弱，然后采取适当的措施，避免环境中的不利因素对孩子产生影响，千万不要觉得无法把握环境就干脆放弃对它的关注。

我就曾经遇到过这样一对家长，他们长期在外地做生意，最近才回到故乡定居，他们托人找到几位老师和比较在意教育的人，请这些人给他们详细介绍那座城市哪些地方对孩子的成长与发展有好处，哪些地方应尽量少让孩子去，我也是受邀帮忙的人之一。我看到他们根据人们的介绍，非常详细地在城市地图上圈点标注，之后，他们又明确地提出请我们一起从他们家到学校走一趟，看看路上的情况。

这一看还真有收获。最便捷的是条小路，基本没有车辆，但由于处于生活区，路上有很多网吧、发廊和棋牌馆等，在我们路过的时候，居然就有人蹭上来招揽生意。我们还没走到一半就退出来了，大家一致提议看一看还有没有其他的路。最后我们选定了一条路，虽然要远将近600米，还要过一个十字路口，但是孩子已经上初中，只要注意些安全方面应该没问题。关键在于这是条大街，无论环境还是路人的表现都很令人满意。如果当初不注意这个问题，很难想象孩子将来在那条路上会受到什么样的影响。可惜的是，对环境关注得如此认真细致的家长，我也只碰到过一对。

一位小学老师发现她的一个学生有段时间出现了一个奇怪的情况，作业完成得比以前要理想得多，几乎是完美的，但课堂检测效果和考试成绩却越来越差。她打电话给孩子的家长，问他们是怎么辅导孩子做作业的，结果家长非常诧异地问："这段时间孩子的作业不是在学校就写完了吗？我们只是在孩子回来后检查签字。"老师和家长配合调查后才知道，原来这段时间孩子常走的那条路因为改建封闭了，孩子只好改走另一条路，却发现那里有人在做收费代写作业的生意。

其次，父母要为孩子筑起一道"围墙"。

父母一定要勇于对某些外界环境说"不"。父母不仅要为孩子修筑心灵的港湾，还要为他们修筑人生的"防波堤"，这是父母的责任。很多人担心这么做会将亲子关系搞得"剑拔弩张"，其实如果能巧妙处理，可能会收到意想不到的效果。

我见过的一件事情非常有代表性：夜幕降临，一栋居民楼下有一位小伙子弹着吉他对着楼上唱歌——"月亮代表我的心"，估计他心中的"公主"住在比较高的楼层吧。可能是小伙子心情激动，歌声越来越高，这时一位中年女性走到他面前说："小伙子，实在不好意思，打断你一下，我的孩子刚刚放学，还有一大堆作业。他今年高三，压力本来就大，心绪不静，男孩子又好动，刚才一直在跟着你唱歌。能不能请你换种方式，我想如果那位姑娘知道了这件事，也一定会对你更有好感的。如果你能体谅一下我们的难处，我们会感激不尽的，你会成为我们家的好朋友，我明天就把你体谅他人的好处告诉楼里的人，一定让那位姑娘知道。"这小伙子马上收起了吉他，还对这位母亲说："告诉你的孩子，我和他都在为争取人生的美好努力，我们一起努力，等他考上好大学，我弹着吉他为他庆祝。"这可真是美好的一幕。

第三，引导孩子正确认识，理性面对外界因素

一个高中生每天都在上下学的路上碰到一群"跑酷"爱好者，他有时候会情不自禁地加入，有时候能玩到晚上十一二点。父母知道后，没有责怪孩子，而是和孩子约定了活动的时间，然后父亲把孩子送到那里，对人们说："你们都是他的兄长，孩子跟着你们活动我放心，请你们多照顾他，指点他，让他也成为一个'跑酷'高手。因为这也是我的一个心愿，年轻的时候不知道有这么一个活动，现在知道了，自己却跑不动了，就请你们帮我在他身上实现我的梦想吧。不过他毕竟是个学生，学习文化知识是主要任务，所以也希望你们能监督他，不要玩得太多。"结果，不仅孩子严格遵守了和父母的约定，那些人中还有几个大学毕业生主动帮他补课，这种处理方式收到了良好的效果。

再比如，多数老师对现在的电视相亲类节目持反对态度，但我们学校一位班主任就提倡学生多看看那些节目，引导孩子认识到：如果没有过硬的生存资本和综合素质，不仅个人生活问题解决不了，还会贻笑大方。

即便对于那些过于负面而家长又无法把握的事物，也应该对孩子加以适当的引导，让孩子用理性建立起有效的防御机制。一位家长带孩子逛街的时候看到一些青年男女的不适宜行为，就对孩子说："每个人都有不同的生活选择，这就像上课的时候，有的同学在认真听课，有的同学却在看小说说闲话一样。他们现在选择了这种生活不意味着将来不会改变想法，还可能为现在的放纵后悔不已。你不能因为有人睡觉就自己也不听老师讲课。我们尊重每个人的选择，但也要尊重自己，为自己选择一条少些曲折的路。"这位家长实在是很优秀的。

2 好家庭更容易
培养好孩子

（1）好家庭胜过好学校

大学者胡适曾经说过："一个人小的时候最是要紧，将来成就大圣大贤大英雄大豪杰，或者是成为一个大奸大盗小窃偷儿，都可在其所处的家庭环境中辨别出来。"我们经常将孩子的人生比作一张白纸，那么在这张白纸上涂下最初色彩的人就是家长，家长的言行举止和家庭生活会在他们的心灵上留下极为深刻的烙印，影响孩子的一生。我经常对来访的家长说："家长对孩子的影响远远胜过老师，家庭对孩子的影响远远胜过学校。"

我的一个同事曾经打过一个非常形象的比喻：如果说教育孩子是一次接力，那当小学老师接触到这个孩子的时候，已经至少是第二棒了。我很反对"让孩子赢在起跑线上"这种说法，但是，从家庭环境对孩子成长的影响来看，这种说法倒是相当正确的。我们常说，和谐的家庭环境能让孩子身心得到健康的发展。我觉得还没有说透，正如胡适所言，它可以给予孩子的，是他一生的成长与发展所必需的品质和情感的依托，帮助孩子克服人生道路上的种种坎坷，最终成就美好的人生；反之，如果没有一个良好的家庭环境，许多孩子确实可能因此输在起跑线上，而且甚至可能终其一生都无法弥补这一缺憾。

我从教以来，一直在关注家庭对孩子的影响，无论是从我的学生来看，还是从我搜集的各方面的资料来看，都可以得出这样一个结论：好孩子未必有一个好家庭；但我们所谓的问题儿童，多多少少地与他们的家庭情况有着各种各样的联系。所谓"问题家庭"不一定就是由于父母离异或遭遇意外而形成的单亲家庭。父母感情不和，父母不能经常陪伴在孩子身边，甚至只是因为父母没时间和孩子交流，都会对孩子产生不良影响。这些影响有的看起来似乎很小，但日积月累，就可能给孩子造成巨大的伤害。

总之，孩子在家里得不到充分的关爱和引导教育，就很容易在品质上出现缺陷，以致行为出现偏差，成为"问题儿童"。

（2）追求比拥有本身更能激发人的兴趣和动力

有一次，跟一位当老板的朋友喝茶，闲聊间谈起他儿子，他显得很无奈。据他描述他儿子从小就听话，学习也很努力，小学阶段成绩优异，还多次在国家和省级比赛里获奖。但从初中开始，孩子的学习兴致锐减，经常是一副无所事事、百无聊赖的样子。家长、老师、亲友多少次磨破了嘴皮子做工作，都毫无效果。现在孩子上高一，一个学期就被老师叫了十几次家长。他无奈地说："有时候碰到孩子的小学老师，说起孩子的情况，没有一个老师相信会是这样。我也不指望他有什么大前途了，就希望他能安安稳稳地上完高中，多少考点分数。我已经托一个朋友联系好了，等他一上完高中就把他送到日本留学，镀镀金，将来安排个工作，就算尽了当父亲的责任了。"

我问了他几个问题："孩子上小学的时候家庭条件是不是还很一般。""孩子上初中的时候你是不是已经有了一定的实权，并且经常有人去你家求你办事？""这些人求你办事的时候是不是说过不少将来孩子上学和工作的事不劳你大驾，由他们解决之类的话？"他听了问题基本都是点头。

我又问："这些话是不是多次被孩子听到过？""孩子初中升高中的时候，你是不是托过人为孩子择校，而且这事孩子也知道？""你为孩子安排去日本留学的事他是否也知道？""你和孩子谈话的时候，是不是经常说类似于这样的话：只要你好好学，考多少关系不大，将来爸爸给你想办法。"这些问题，他的回答都是"是"。

这时候，在场的朋友都听出意思来了，搭口劝说："这就是你的不对了，蜜罐里泡出来的孩子，什么都有了，当然不会再费劲读书了。要是家里给我留下个百儿八十万的，我什么也不干了，找地儿旅游去。"

可怜天下父母心，为了孩子的未来煞费苦心。有个学生在作文里曾这样写："我父母为了我可以说是鞠躬心瘁，死而后已。不，应该是死而不已。"这真是话糙意不糙。但是，许多时候过于优越的环境反而会使孩子再无憧憬、再无追求、再无奋斗前进的动力。

苏教版高中语文教材（作文选修）中有这样一个故事：一个农夫恳请上帝收回风雨、冰雹、干旱和蝗虫，收回世界上的一切不如愿，只留下阳光、雨露和风，好让来年五谷丰登，上帝答应了他的请求。谁也没想到，第二年的麦穗比往年多了一倍有余，但是颗粒干瘪，几乎没有什么收成，上帝的解释是："麦子避开了所有的考验，因此变得十分无能，对于一粒麦子，奋斗是无可避免的，风雨烈日是必要的，甚至蝗虫也是必要的，因为它们可以唤醒麦子内在的灵魂。"

十多年前，在孩子们中间流传着这样一首歌："要学蜜蜂造新房，要学蝴蝶采蜜糖，幸福的生活从哪里来？要靠劳动来创造。"现在这种歌曲很少了，几年来我只在幼儿园听过一首《小蜜蜂》说："天暖花好不做工，将来哪里好过冬？"其他的多是知识类和生活习惯类的了。

有动力才会奋斗，而奋斗是获取知识、锻炼能力的必要条件，如果现在已经可以实现自己的梦想，更谈不到有什么生存压力，还有多少人会为那虚无缥缈的"更大的理想"而奋斗，还有多少人想着要对得起轻而易举就能拥有的一切？

我曾和家长们探讨过这样一个问题：为什么孩子小的时候都说努力学习，长大要做……长大以后却有不少人的想法变成了"学好数理化，不如有个好爸爸"。孩子们愈加依赖父母的时候，就是他们的责任心和奋斗力愈加衰减的时候，真正的成功人士，即便在成功之前极期艰难困苦的环境中，也多是自食其力坚持下来的，而不少凭着"啃老"考研创业的人，后来的成就也相当有限。这就是古人说的：艰难困苦，玉汝于成。

有位家长，经营着两座加油站，家境颇丰，也很重视教育，在孩子上小学时就花了十几万把他送到一所据说享誉全国的私立学校读书。这所学校的办学方式和一般学校不太一样，可以一直把孩子从小学培养到出国留学，据说将来还管就业，各方面的条件也是非常优越的。起初家长充满了希望，觉得在教育孩子的问题上基本已经大功告成，就剩下每年交学杂费了。可没过两年，他们的脸就再也没有放晴过——孩子对学习的兴趣越来越淡薄，但对高端生活的兴趣却越来越浓。

其实这其中的道理非常简单：追求比拥有本身更能激发人的兴趣和动力。孩子的认识毕竟不成熟，他们很难切身意识到自己拥有的一些东西别人可能无法拥有，因此更应该珍惜。家长把这一切都现成地摆在他们面前的时候，他们就会觉得索然无味了。他的升学之路一路绿灯，当然会对学习失去兴趣——小学生还不明白学习和升学并不是一码事；而他还没有得到高端的生活，自然会把注意力都放在这里了。

而且，这种环境里长大的孩子普遍缺乏一种抗挫折能力，因为他们的成长过于顺利，一旦遭遇，就会产生巨大的危机，可谁又能保证他可以永远在顺境中呢？

我刚参加工作时曾发现一个奇怪的现象：长期参加课外辅导的学生，其课堂上的注意力反倒不如其他学生。请教老教师后才明白：正常来说，课外辅导可以弥补课堂学习的缺陷，对孩子是一种有益的补充，但这样一来，孩子心理上会觉得即便课堂上漏点东西也没关系，补补课就行了；而没有参加课外辅导的孩子心里很清楚，过了这个村就没这个店了，所以他们会不断地激发自己的潜力。我想：这不仅有助于我们更全面地认识补课的影响，更让我们明白适当的逆境和挫折对孩子有益无害。

正如西方一句谚语所言："上帝在这里打开了一扇门，就一定会在别处关上一扇窗户。"反之亦然。

我曾碰到一位家长，因为孩子的一篇作文伤心不已，作文题目是：《我的父亲母亲》。作文里有这么一段：

都说在父母眼中孩子是最可爱的，最重要的。可我家好像不是这样，否则我怎么会整天整月地见不到自己的父母呢？有的时候我甚至在想，我宁愿做一个囚犯，只要能和爸爸妈妈住在同一间牢房里。……有一次，妈妈为了应酬，喝醉了，司机把她早早地送了回来，我钻到她怀里，虽然酒气熏得我反胃，但我还是很快就睡着了，而且睡得很香。那一晚，我做了很多美梦，我想我一定是笑着的。可是醒来后，妈妈又走了，只在桌子上留下了纸条："女儿，妈妈今天有个会……"我曾给妈妈发过很多短信，希望她能够多陪陪我，甚至问她到底是她的工作重要还是我重要。她说当然是我重要，她和爸爸做的一切都是为了我，为了我有一个美好的未来。这条短信我看完就删了，因为我并没有被感动。我只想对她说：'既然认为我重要，为什么不问一问你的孩子，她需要的到底是什么？'"

我曾无数次地对过于"敬业"的家长们说过："如果你们觉得实在不能兼顾，那恐怕就只能在事业的成就和孩子的未来上做一个选择。"

我希望各位家长能对孩子有这样一种信念："输了你，赢了世界又如何？"

有一次，我去修自行车，天上散着零星的雪花，寒意逼人。好不容易找到一个修车摊，摊主是个中年人，正在修一个自行车胎，我只能坐在一边等着。没想到，这一等，却等得我热泪盈眶。

　　那是因为摊主还带着孩子，一个不到十岁的小姑娘，身上裹着厚厚的棉衣，脸和小手都冻得通红，布满龟裂。她拿着个工具箱蹲在父亲身边，随时递上父亲需要的工具。

　　摊主抬起头看了看孩子说："女儿，冷了吧。"孩子点了点头，"我想回家。""再等等吧，你妈今天揽的活计多，估计还得半天回去，你一个人回去我不放心。""那咱什么时候收摊？""再等等吧，这天气出摊的人不多，说不定能多做点生意，再给你买件衣服。""二叔家给的衣服还在。""那不一样，不能老让你穿别人给的衣服。再说，爸妈没时间和你玩，你穿着我们给你买的衣服，就像我们陪着你玩一样。""爸爸不是天天带我修车吗？"父亲抬起头看着女儿笑了，"就是因为没时间和你玩才带你来啊，虽然冷点，但总是在爸爸身边，你顺便也学点本事。""那我长大了也修车？""你长大了要上大学，做大事，生活得比我们更好。不过做普通工作也没什么不好，就像爸爸一样，自食其力，天天看着自己的孩子长大。"孩子点了点头，"老师也说了，我们将用学习改变命运。""好啊，等把你供出来，我和你妈就开个电话亭，天天守着你给我们打电话报喜。""你们怎么不像二叔一样出去打工？""早几年我和你妈也商量过，可怎么也舍不得你。你是我们的娃，就该跟在我们身边，下了学能和爸爸玩，晚上睡觉能搂着妈，孩子在大人身边，再苦也不觉得委屈。""可二叔赚了好多钱。""有钱肯定好，可光有钱不行，一家人互相照顾，才是最幸福的事。爸爸修车的时候你给爸爸倒杯水，爸爸高兴；你下了学了爸爸一边陪你一边修车一边给你讲故事，你高兴。你二叔呢？孩子除了向他要钱，要吃喝穿戴，就再没别的话，他除了给孩子钱给孩子买东西也再没别的，你喜欢那样？"孩子摇了摇头。他换了一个轮胎准备继续修，趁这个当儿把大衣一敞："来，到爸爸怀里来，这里暖和，咱们再修几辆。"小姑娘乖巧地钻到了父亲的怀里，父亲把大衣一合，"爸爸陪你讲个故事……"

　　到自行车修好时，我不知等了多久，但我已经忘却了等待，忘却了天气，雪花落在身上，但心中却很温暖，付了钱，我找了个借口再坐一坐，静静地听着父女的对话。

再好的物质条件也替代不了这种温馨和谐的家庭生活环境，虽然这位父亲没有太高的文化，谈不上有什么事业和成就，也没有什么先进的教育理念和高深的哲理，但就是这种质朴而真挚的感情，却是孩子成长最温暖也最富营养的土壤。

（3）人和氛围才是好家庭的核心

就像我修车时见到的那样，虽然是寒冬时节的街头，但有了父母的爱和陪伴，我想这个孩子一定会非常幸福。家不是房子，有父母关爱的地方才是真正的家，是心灵的港湾。

这就意味着要想给孩子一个良好的家庭氛围，就要先做一个合格的家长。希望大家注意这样一个逻辑：做一个合格的家长——营造一个良好的家庭氛围——拥有一个优秀的孩子。可见，做一个好家长是最基本的前提，这就是古人所谓"打铁先要自身硬"的道理。

那么怎样在家庭生活中做一个合格优秀的家长呢？希望下面这则材料能给大家一些启示。

心理学家对20多个国家的10万名8～14岁的孩子进行调查，让每个孩子写出十条"要求父母怎样做和不该怎样做"，答案归纳如下。

①孩子在场，父母不要吵架。

②对每个孩子都要给予同样的爱。

③任何时候都不要对孩子说谎。

④父母之间要相互谦让、相互谅解。

⑤父母与孩子之间要保持平等关系。

⑥孩子的朋友来家做客时，要表示欢迎。

⑦对孩子提出的问题，要尽量全面答复。

⑧在孩子的朋友面前，不要讲孩子的过错。

⑨注意观察和表扬孩子的优点，不要过分强调孩子的缺点。

⑩对孩子的爱要稳定，不要动不动就发脾气。

（转引自中国幼教网http://www.xugu.net/wst/P29218.htm）

这十条标准隐含着一些共同的特点，那就是父母要做好表率，尊重孩子，让孩子真正融入家庭生活中。

我们常说"言传身教"，家长的表率作用是家庭教育的前提和基础。鲁迅先生曾说："父母亲不仅可以把自己的优秀品质传给后代，而且其恶劣品性、不良性格和不好的生活习惯与生活方式，也会'遗传'给后代，给下一代的成长造成巨大的损失"。家长在家庭生活中的表率作用会对孩子产生巨大的影响，其正面作用是孩子一生受用不尽的宝贵财富。当然，如果不注意检点，其负面作用也会对孩子产生难以估量的影响。

比如，孩子们急着吃饭的时候，会催促正在择菜的父母。父母就可以对孩子说："我们也饿了，但事情要一步步地来，不把菜择洗干净就急着做饭，会闹肚子的。你要是想快点吃饭，与其催我不把菜择洗干净就做饭，还不如帮我一起做。"这样就可以引导孩子切身体会一个道理：态度会影响结果，不可因为急于求成而放弃踏实的态度。

即便是在家庭重大事件的决策上，也可以让孩子参与进来，并且真正尊重孩子的意见。我想特别强调的是：尊重孩子，就要真正把孩子看成是一个独立的、能够在各方面参与家庭事务的成员。真正的尊重是无条件的。不能说只在某些方面尊重孩子，或者我觉得你说得对的时候就尊重你，觉得说得不对的时候就不尊重你。即便他有些错误，也要正确引导——我们让孩子参与家庭事务，一方面是为了让孩子更加了解这个家庭，热爱这个家庭，另一方面不就是为了锻炼孩子的能力吗？

比如一个家庭准备买新楼房的时候，让上初中的孩子也参与商量。孩子一开始的时候只是想着最好给自己两个房间，把卧室和书房分开，但是当父母把家里的经济状况交代给他的时候，马上就改变了想法。在购买和装修的整个过程中，他们都让孩子切实地参与。孩子不仅通过这件事对父母的难处有了更深刻的了解，与父母的感情更密切了，还积累了许多买房和装修房子的经验。更令人欣慰的是，当他们喜迁新居的时候，孩子不胜感叹地说："看来生活真的很不容易，我一定要对得起这套房子。"我相信，父母听到孩子的这番话比住进新房更高兴。

（4）增进亲子关系，家庭活动是最佳平台

家庭活动是家庭教育的最佳平台。它不仅可以激发孩子的兴趣，锻炼孩子的能力，丰富孩子的知识和生活，更可以促进亲子关系，应该大力提倡。

家庭活动的方式是丰富多彩的，不仅可以是家庭宴会，还可以是诗歌朗诵、辩论会、游戏、烹饪比赛、读书会、模拟各种社会生活等。

比如说，孩子小时候，与孩子做游戏是必不可少的。不仅是大量的娱乐性游戏，而且可以设置一些模拟社会生活的游戏。比如，和几岁大的孩子做买卖物品的游戏，就可以锻炼孩子的计算能力。

需要注意的一点是父母一定要真正参与进来。因为年龄小的孩子会把这个游戏当真，如果他发现父母心不在焉，不仅积极性会受到很大打击，还可能会受父母表现的影响，自己也变得心不在焉，长此以往，他们可能在学习和生活上也变得极不认真。如果是年龄大的孩子，他们知道游戏是假的，本身就不容易投入，如果父母不投入一点，根本就实现不了家庭活动的意义。比如，父母带孩子去植树，如果父母只是铲几下土就把剩下的事情交给孩子，那这个活动

基本就流于形式了。

我在植树节上见过一对父母，他们自始至终一直与孩子一起劳动，父母一边铲土一边对孩子讲述自己年轻时劳动的经历，这样无形中增进了孩子对父母的了解，增进了孩子对父母的感情。种累了休息的时候，父母又巧妙地借这个活动启发激励孩子："休息一会儿还得接着干啊，要不眼下倒是痛快了，可真正算账的时候，你就比人家落下一大截了。人呀，该扛着的时候就得扛着，现在松口气图轻松，将来可能就要后悔一辈子了。而且你想好了吗，怎么照顾这些树。"孩子反问："不是有工作人员照顾吗？""自己的劳动成果首先得自己照顾，我们也不能因为你上了学就把你完全推给老师吧？"孩子说："我也不懂怎么照顾这些树啊。""你是高中生了，学了那么多物理化学生物知识，还弄不懂这点东西吗？学以致用啊，为什么有的大学生毕业就失业，就是因为眼高手低，只懂书本知识，没有动手能力。"父母还带孩子登上高处，俯瞰着新栽的一片片树林："孩子，旅游的时候你喜欢去自然风景区，其实哪里不是自然风景区啊。我们乱砍滥伐，太不珍惜，才搞得想看点绿色都得跑上几百里去旅游区。其实你想想，现在你要看到有人砍了你种的树，你还不得生气啊。""岂止是生气，我得跟他拼命。""所以呀，做人得学会尊重别人的劳动，学会珍惜。"

经常有父母反映孩子写家庭作业的时候兴致不高，我就此给大家提供一个简捷有效的方法，就是父母和孩子比赛写作业，而且故意写得慢一点，小孩子对于这种比赛最有兴趣，经常在不知不觉中就把作业完成了。

（5）尊重孩子的社交生活，不以爱的名义圈养孩子

一个女生邀请两位男同学到家里玩，没想到被父亲拒之门外。不仅如此，父亲还不断盘问他们的关系，无论女儿怎么解释都不相信，似乎非要女儿回答

是在早恋才相信是真话，甚至把女儿的这种行为说成是"勾引"。听到父亲的话，女儿的心碎了，她摔门而去，说："就是在外面要饭，也不回这个家了。"

父母不是孩子的全部，孩子有他们的圈子，有他们的生活，因此，我们不能以爱他为理由强行取消他自己的生活圈子。事实上，拥有一个稳定而良性的生活圈子，是孩子健康成长的一个很重要的保障。

比如可以让孩子请朋友甚至老师来家里举办一个主题沙龙，让他们无拘无束地讨论最近发生的事情，发表自己的见解，家长适时参与引导，形成正确的见解，然后与孩子们约定一起实行，请孩子们相互帮忙、监督、提醒。这不是比说教更有效果吗？

父母多请孩子的朋友甚至老师来做客，不仅有助于增进父母和孩子的感情，让孩子觉得自己的生活确实得到了家长的尊重，更有助于增强孩子的人际关系，还可以在很大程度上丰富家庭生活的内容。"问渠哪得清如许，为有源头活水来。"我觉得西方孩子在某些方面的素质比较高，与一些家庭经常举办家庭宴会是有联系的。不必担心这样会影响孩子的学习和成长，当你真正把权力下放到孩子手里，并和他做好约定，孩子一般都会很自觉地遵守，如果我们一味地打压，反而会激起孩子的反感和抵触情绪。

当然，这不等于玩玩吃顿饭就了事。家长可以和他们商量一个活动主题并制订出具体的活动方案，也可以亲自参与进来，顺便帮孩子把把关——当然，不要像法官一样板着面孔监督，即便是提示时也要和颜悦色，用商量建议的口吻，真正地把主角交给孩子——这才是开放家庭的根本目的，就像学校举办"英语角""读书会"一样。

家长也可以联合其他家长，把规模办得更大，每次换一家。我们多次强调孩子走"歪门邪道"的主要原因之一是他们找不到一条正路，比如他们不知道课余时间该如何既有兴趣又有收获地度过，才会走进网吧、台球室。如果他们能在家庭活动中找到这种生活，谁还会明知是错误的道路却偏偏要走下去。

（6）营造好空间，把生活中的美好通过细节传递给孩子

最初我并不是很重视这个问题，但后来一件事改变了我的看法。有个学生周末的时候总喜欢到学校学习，我问他原因，他说他现在那个房间早先是父母装修好准备给哥哥结婚用的，太喜庆，在里面待着总想玩。从那以后，我开始注意这个问题，有一些心得与大家分享：

首先要注意孩子的成长阶段和性别差异。从成长阶段上来说，最少要分为两个阶段，以孩子幼儿园毕业上小学为分界。在前一个阶段，给孩子装饰布置房间最好效仿幼儿园，营造一个真正属于他们的世界，多一些卡通、童话风格的东西，这不仅能让孩子喜欢，而且对启发孩子的想象和联想能力也很重要。

孩子上小学之后，我们布置的可选择性就比较大了。从色彩上来说，主色调少用红色、橙色，这一类颜色能带给人一种吉祥喜庆高贵华丽的感觉，容易使人过于兴奋，而孩子成长则更需要一种平和冷静的环境，以便他学习反思。正蓝色用得太多也不合适，因为正蓝色过于深沉，可能让孩子们觉得忧郁。但以上这几种色彩以及紫色、黑色作为点缀，引起孩子的兴趣，增加氛围中的生机和活力就比较合适。多用一些黄色、绿色、淡蓝色、粉红色，前两者让人觉得清明平和，又给人一种充满希望的感觉，粉红色则给人一种温馨的感觉，尤其适合孤僻或者精神压抑的孩子。浅灰色和明灰色则属于中性色彩，适用范围非常广泛，恬淡素雅，平实稳重，柔和含蓄，也比较适合于年龄较大的孩子的房间。

从家具上来说，以实用为主，多留空间，不要摆得满满的。许多父母觉得家具多一点有利于孩子盛放物品，但根据我的观察，家具越多，孩子房间的东西反而越乱，自理能力越差，因为他顺手就可以找到放东西的地方，根本不需

要用心整理。家具的风格以简洁明快为宜，避免过于成人化。有位家长为了给孩子营造一种文化氛围，专门定做了一套中国传统风格的家具，珍宝架、太师椅一应俱全，看得我直流口水，孩子却非常不喜欢，宁肯整天泡在客厅里。

装饰品的选择主要遵循孩子的意见，父母可以适当提供参考。适量的植物是必不可少的，它不仅可以净化空气，还可以增加一种生机和情绪。书画也是很不错的选择，比如挂一些传统书画卷轴，可以对孩子起到无形的熏陶；也可以选择油画、水粉画和沙画等，比如大家熟知的油画"向日葵"，水粉画"江南"系列等。

如果父母能把孩子从小到大的一些照片、作业整理装裱出来挂在墙上，就别有一种情调，但奖状和荣誉证书等不宜太多，有两三份作为孩子成长足迹的展示即可。可能不少父母觉得多挂奖状能起到激励的效果，但事实证明，多数孩子基本不看这个。

7 PART

接受孩子的差异性，
让他们循着自己的个性发展

1 能否因人施教
直接决定着教育的成败

人们常说，人的工作是最难做的。难就难在必须了解对方的心理、愿望、需求和性格等方面的特征，只有在这个基础上才能正确分析他的现实情况，制定出合理有效的教育方案。当然，只要真诚待人，将心比心，设身处地，换位思考，做到尊重人、关心人、理解人、帮助人，就可以在很大程度上化解这个难题。但在实际操作过程中，因为缺乏一个可供参考的具体标准，很容易使家长在教育过程中产生偏差。常见的情况有如下几种。

（1）不顾孩子的性格特征

有个孩子，从小比较倔，小时候挑食，怎么哄都不行，父母既没有更好的办法，又觉得孩子还小，不适宜太严厉，只能请营养师给他配一些营养药作为补充。孩子上小学时，有时候生病想休息几天，父母却觉得孩子大了，不能太娇惯，开始采取强硬的态度。孩子拗不过父母，往往在经过一番训斥之后，还得去学校，可去了也只是睡觉。到了上初中的时候，事情就显得有些棘手了。初三时，许多孩子都在为中考努力着，可这个孩子却照样该做什么做什么。老师和他谈话的时候，他说了这么一段话："我的爸爸妈妈肯定能让我进重点高中的，那我就不需要像其他人一样拼命。既然我有这个条件，为什么不能用呢？"父母威胁他如果考不上高中是绝对不会让他上自费高中的，结果他说："你们就我一个孩子，怎么舍得不给我想办法？再说，如果我是不走正道，那你们不管我也没说的，可我不玩命学习只是想着去做一些更有用的事，你们凭什么只是因为我不全力学习就不管我，难道在我的成长中除了学习就没别的了吗？"这样，他把很多时间，甚至是课堂时间用来广泛阅读课外书，例如《社交与口才》《社交礼仪》和成功励志类书籍。

父母寸步不让，给孩子制定了二十多页的规章条例和奖惩措施，要求孩子不折不扣地执行。可让他们伤心并头疼的是，孩子第一眼看到这个东西就表示非常强烈的反对，几乎是抻着脖子向他们抗议，说："你们没有权利这么蛮横地干涉我，尤其是我放学以后的时间，你们更没有权利支配！"父母也有些急红眼了，说："我们是你的监护人你就得听我们的。你吃的饭穿的衣服住的房子交的学费，还有你花的钱哪一分哪一毛不是我们的，不听我们的就什么都别想了。"他们中午向孩子摊牌，下午向老师了解了一下情况，得知孩子仍然是我行我素，他们就扎扎实实地兑现了自己的话，压根没给孩子准备晚饭。

结果，孩子一气之下跑到爷爷奶奶那里干脆不回来了。最后，这件事只能不了了之。

我听说这件事后也想过，如果是我碰到这件事该怎么处理。如果说让孩子完全实现父母的要求，恐怕事情发展到那一步的时候已经不大可能了，但是，如果父母本着平等尊重的态度和孩子共同商讨一个双方都能接受的计划，那效果就要好很多。孩子虽然倔，但只要认准的事就一定会去做，这是一个可以充分利用的优点。例如，他的初中老师对他说上课看课外书不仅是个人的事，还涉及一个尊重老师的问题时，他就有一段时间很少看，因为他知道每个人都应该获得尊重。父母也曾试着用这个方法说服他，希望他本着尊重父母的付出、尊重自己未来的心，在课外狠下一番工夫。结果却遭到了他的强烈反对，他的理由是"如果尊重你们就要我完全失去自由选择的权利，那你们尊重我吗？"

要知道，双方各退一步就等于双方各进了一步，比针锋相对最后决裂肯定是要好很多的。

挺有意思的是，我让朋友设法搞到了他们给孩子制定的那份规定，然后给了我的另一个朋友。这个朋友的孩子也在上初中，情况跟前者正好相反，总是犹豫不决，什么事都希望得到父母和老师的明确要求，连课外作业的数量也觉得让老师明确告诉他做多少才觉得踏实。这个要求让父母和老师头大，什么事都规定得那么明确详细，怎么可能？他拿到这份规定后简直如获至宝，"照章办事"，最后考得相当不错。到他上高中的时候，还拿着这份规定做参考。

孩子毕竟是孩子，他们的理性思维还没有完全建立起来，可以说，他们的性格特征直接决定了他对外界的反应，越小的孩子越是这样，所以，我们与孩子沟通，对孩子进行教育的时候一定要考虑到他们的性格特征，否则可能会适得其反。

（2）不顾孩子的心理需求

有一个孩子，上进心很强，学习也很努力，但是成绩很不理想。因为她有一个很难在短时间里克服的问题——逻辑思维和抽象思维不过关。为此，她一直在苦苦挣扎着，我与她的交流几乎一直是围绕着帮助她树立信心、循序渐进的主题。可是，孩子的家长每次看到孩子的成绩，总是硬邦邦地扔下几句话："就你这成绩还能考上大学？我们辛辛苦苦供你上学，你却一点都不用功，如果是这样，早点回来帮我们干活吧。"后来她的父母居然问我："这孩子到底有没有培养的价值？"

我告诉他们，孩子学习已经非常刻苦了，每天要学十五六个小时，而且心理压力非常大，考完一定会哭，成绩下来哭一回，和他们通电话后也肯定会哭，就算是平时，也几乎看不到她脸上有什么喜悦的表情。我和她交流的时候，能想方设法地让她笑一笑，都觉得很有成就感。现在最关键的是保证她的信心，如果可能的话，想办法给她一些成就感——哪怕是用善意的谎言给她一些虚假的成就感也是非常重要的，可千万不要再给她施加压力了。

他们也表示理解，可过了几天，望女成凤的愿望还是很快占了上风，再次重复了原先的做法，开始不断地给她施加压力。最终，这个孩子在高三开学后不久就认定自己确实不是学习的料，彻底丧失了希望，每天焉得像霜打的茄子。我用了整整一年也没办法让她回到原来的状态——哪怕是成绩不好压力很大，也还是在努力地学，至少心里还有点希望。

支持和鼓励未必对所有的孩子都有很大的效果，但不顾及孩子的心理需求，会给孩子造成极大的心理负担，给孩子的成长和发展增加巨大的阻力。

有一个学生在毕业后给我写信，其中有这么一段话，希望能对大家有所启发：

"还记得高三时您对我妈妈说的那番话，真的，上了这么多年学，从没一个老师如此了解我。您当时的说法是正确的，当时的我，很不自信，太需要鼓励了，遗憾的是，那年我父母给我的那种鼓励反而让我更有压力。"

（3）不顾孩子的实际情况

一次，有位家长找到我，让我给他的孩子上点紧，因为他孩子几次考试的成绩离学校依照经验划的希望线都有一些距离。说实话，这个孩子的情况我也有些头疼，他已经尽了自己最大的努力，老师们也想尽了办法，但要想在短时间里让他进入希望线，我们屡次讨论也没办法。

我和这位家长已经进行了很多次交流，一直在试图让他明白这个孩子的情况是急不得的。但他还是明确而相当焦急地对我说："孩子在高中根本输不起，任何一点漏洞都可能让他在一辈子吃尽苦头。无论如何，都不能让孩子在高中有一点漏洞。"他最后这句话让我有些不胜负荷——哪所学校的哪位名师能保证自己的哪个学生没有一点漏洞呢？我只能实事求是地告诉他："实在不好意思，我们会尽力，但我不想在教育问题上说什么不现实的话，你反复强调的这个要求，我们实在做不到。"这位家长明显地表现出了失望的神态。

其实，他的孩子并不是什么"问题学生"，他性格沉静，头脑灵活，喜欢思考与探究，孝敬父母，尊敬师长，与人交往抱一颗爱心，对于许多家长来说，已经是个难得的好孩子了。可美中不足的是，他的记忆力确实比其他同学要差一些。而对于一个文科生来说，记忆力又是必不可少的，这就使他的成绩一直在学校的"边缘生"标准附近徘徊。我和代课老师已经采取了很多的办法，也收到了一定的效果。举个例子，他从前一个早自习四十分钟时间只能背二十几个单词，而且到午饭时几乎就全忘了。我们让他降低目标量，一次只背十个单词，并采用科学的记忆方法和技巧，到我和他父亲那次谈话的时候，他对新单词的记忆已经能保持两个月左右了。虽然对于一个高中生而言，一天十个单词的记忆量确实有点少，但我们反复试验过，那已经是孩子所能达到的极限了。可这位家长还是一味地强调："想办法管得再紧一些，打他，我不嫌！"我最终没能说服他。

这位家长那次回去后，就给孩子制定了一系列的目标，其中一条就是每天背至少五十个单词，而且不许忘记；除此之外，还有每天额外做两份英语模拟卷什么的，究竟这位家长是依据什么制定出了这些要求，又是如何落实的，我不得而知，但后来那个孩子几乎就没有背会过英语单词——这是他亲口对我说的。

那年的高考，这个孩子落榜已经是必然的了。本来，事情到了这一步还是有补救的余地的，可以补习，也可以通过赞助的方式帮孩子上一所相对比较好的学校。这位家长却又一次走了极端路线，他认为孩子既然只考了那么一点分数，那就没有什么培养价值了，于是，他甚至没有帮孩子挑一挑专业，就让孩子随便上了一所专科学校，连专业也是一个相当冷门的专业。可以说，自从考试成绩发布以后，他就没有再多管过这个孩子。据说他是要全力培养小儿子。我真不知道这样全力培养的后果会是什么样子。问题的关键不在于我们想让孩子达到一个什么样的高度，而在于实际上孩子能够达到一个什么样的高度。退一步说，即便我们强行让孩子的学习达到这个高度，那也必然是以孩子在其他方面的缺失作为代价的。

接受孩子的差异性，让他们循着自己的个性发展

2　正确认识孩子的性格特点，
　　选择正确的教育方法

（1）看似完美的性格未必真的没问题

我曾经听一位初中同行谈起过他的一个学生，这孩子从小学习非常努力，如果哪次考试不是满分，他一定会想尽办法找到问题迎头赶上。他小学时的座右铭就是"一定要考满分"。不仅是学习，在学校组织的各项活动和各方面的评比中，他都遥遥领先。如果他发现别人有什么长处，一定要想办法在这个方面超过对方。小学时，他荣获学校书法比赛特等奖，谁知道他在获奖感言中竟然说："我还要再接再厉，要比书法家的字写得好。"这样的孩子，应该说让许多家长连口水都流出来了吧。但是，他最后的结果却是中考落榜，高考连续两年落榜，最后自费上了一所二本高校，在大学里年年挂科，甚至被学校下了劝退通知。我的这位同行问我："你知道这个孩子后来出现这种情况是为什么吗？"

我知道他的意思，这个孩子应该属于功利型或者好胜型的人，他们的长处在于有非常强烈的自信心和成功的欲望，喜欢和同学竞争，勇于迎接挑战，因此多数情况下处于一个比较强势的地位，属于家长和老师们比较喜欢的一种类型。

但是，其中也有不少隐患，比如急功近利，缺乏长远的目光和规划；痛恨失败，缺乏冷静的心理，有的甚至在失败后会一蹶不振；其中有些孩子过于自信，觉得自己想的一切都是正确的，听不进别人的话。我想：这个孩子恐怕到了初中以后野心太大了，想在任何一个方面都出类拔萃，没累死就不错了，怎么可能学好？

同行不胜感叹："是啊，有一次老师布置作文，让他们谈谈对'选择'这个问题的认识，结果他写的是最好的选择就是不做选择，在所有可选择的方面都做到最好，被同学们笑称为'史上最牛的野心家'。"

我的这位同行问我有什么办法，我摇摇头，"没办法，如果他的家长在他小的时候意识到他性格里的缺陷，及早教育引导，也许还有机会平衡他的这种极端性格。他现在已经有些走火入魔了，再想做工作，恐怕很难了。"

这个案例是我接触的案例中让我印象最深的一个，我曾经设想过，如果某个小学老师发现他性格上这种潜伏的危机并设法解决，人们是否会觉得这个老师是在引导孩子不上进？也许有人会说，总能找到一个恰如其分的办法吧。理论上当然没问题，但很多理论在具体情况下只能是理论，与现实差着十万八千里。

比如，有时候我会对孩子们说这样一些话，甚至打印出来贴到班里：

人不可能是十全十美的，别把缺陷和错误当作魔鬼，有时候它们本身就是一道风景，或者它们的身后隐藏着美丽。如果你在许多方面都很强，在必要的情况下，把次要方面放下些，那你在主要奋斗方向上会更强。

不成功不是你的错，不尽力却是你的错，人不可能时时成功次次成功，有时候越想着成功，离成功越远。

你可以考不上大学，但你不能对不起高中这三年；努力的结果可能是考上也可能是考不上，但努力本身不是为了考上。千万别觉得考不好就意味着努力白费了。

别想着你能超过任何一个同学，因为他的优势你未必有；但也别觉得你就注定比哪个同学差，因为你的优势他未必有。

有些家长们听到这些会表示异议，他们认为孩子上学的目的就是尽量变得

接受孩子的差异性，让他们循着自己的个性发展

完美，可是，他们纯粹混淆了成长和完美的概念。事实上，越是成熟的人越否定完美，越能接受缺陷。我曾经专门组织学生讨论过这个问题，一致的结论是："成熟是一种平和理性的缺陷美。"

其实，追求完美是小孩子们的一种普遍心理，这从他们喜欢看动画片就可以看出来，动画片里的那些英雄都是无所不能、十全十美的。喜羊羊能战胜灰太狼，这在现实中根本是不可能的，但孩子们相信。一般情况下孩子们有这种心理是无须担心的，但是如果这种心理过于强烈，那就需要注意了——我不是说孩子们的幻想心理，是强调孩子们过于追求完美的心理。

有一次，我在省城公园里听到一个孩子对妈妈说："我要把这里所有漂亮的花都拍下来。"我马上联想到了上面那个例子，想看看这位母亲是如何引导自己的孩子的。这位母亲笑着摸摸孩子的头，说："那怎么可能呢？漂亮的花这么多，我们怎么能都拍下来呢？能拍多少拍多少就好了，以后有机会再拍，你可不能做小贪心啊。"孩子有些不甘心，撅着嘴说："要是能找到一朵把所有的颜色都放在一起的花那该多好啊"母亲刮着孩子的鼻子说："你怎么还是这么贪心啊，所有的颜色都在一起，那成什么了？"孩子不服气，"为什么不能？"母亲想了想说："那你觉得所有的好吃的味道也能在一起吗？""是啊，那肯定是最最好吃的东西了""那咱们做个实验好吗？"孩子点了点头。于是母亲带着孩子到附近的摊点上买了五六种饮料，然后把这些饮料都掺到一起，让孩子试着尝了一口，孩子刚喝了一点点马上吐了出来，叫着"好难喝啊。"母亲笑了笑，"你看，做人不能太贪心吧。"

我想：如果上面那个孩子的家长也像这个孩子的家长一样，从小对孩子进行适当的引导，那他们的孩子真的可能成为某个行业的佼佼者。可惜的是，他们当初把孩子的这个性格特征当成了优点。

（2）顺应孩子的性格特征

孩子身上或多或少地存在着一些性格的缺陷，也许我们面对这些缺陷首先想到的就是想办法帮孩子改掉或者弥补这种缺陷，可我想说的是，如果改不掉或者弥补不起来呢？毕竟改变或者完善孩子的性格不是那么容易的事情——这里我想再次强调，也许从理论上看好像很容易，但实际上真的很难，我们不妨留心一下，有几个真正成功的例子？

比如说我们接触到的绝大多数孩子是比较情绪化的，或者说他们属于跟着感觉走的类型，这样的孩子情绪起伏波动比较大也比较快，高兴的时候活力十足、创意无限；情绪低落的时候无精打采，什么都不想做。而且就普遍情况而言，孩子们年龄越小，经历越少，就越呈现出这种特征。

对于这种类型的孩子，我们多数情况下是进行鼓励，充分激发他们的积极性和主动性，很少想着从根本上改变他们的性格，让他们向沉稳型转变。这种思路本身就说明了我们很认可这样一种教育方法——恰当的引导重于改变。

有时候我会对某些家长提出建议，鉴于他们的孩子注意力确实难以长时间集中，短时间里改变也确实有很大的困难，希望他们结合孩子的实际情况制定一个适合孩子的学习方法。其中最核心的一点是，通过预习，抓住下节课要学习的核心内容，在上课时有的放矢，把能集中注意力的那段时间尽量调整到老师讲授重点的时候，不要贪多求全，结果什么都听不好。至于落下的内容，通过复习慢慢补。

根据科学研究，3岁孩子的注意力集中时间基本上是3～5分钟，4岁能够发展到10分钟，6岁基本上能够达到15分钟，7～10岁的儿童连续注意力约在20分钟，10～12岁儿童连续注意约在25分钟，初中生的注意力持续时间应该在30分钟左右，高中生的注意力应该到45分钟左右了，但事实上，相当多数的高中生的注意力能持续30分钟就不错了。所以现在教育改革，许多高中提倡老师讲授知识的时间不超过20分钟，有的学校甚至做硬性规定。但不少家长还是接受不了，怕孩子一旦落下就补不起来，逼着孩子把45分钟坚持下来。他们不仅忽略了孩子的生长规律，也忽略了孩子的性格，孩子本身的性格就是情绪化的，他们对孩子提出硬性的要求，这本身就意味着他们对孩子不满意，这样一来，就对孩子形成了双重打击，效果可想而知。

当然，我们不否定完善孩子性格的重要性，但完善必须以顺应为基础，强行完善可能会适得其反。

再比如说，有一种稳定性强或者说严谨性强的孩子，他们性格的长处之一就在于可以更长时间地集中注意力，这应该没问题了吧。情况绝非如此，任何性格都有它的长处也都有它的缺陷，这一类孩子在很多问题上可能会放不开，特别是面临巨大挑战或者需要当机立断的时候，他们往往缺乏魄力。比如考试的时候，我经常嘱咐孩子们，要学会"绕过拦路虎，再杀回马枪"，也就是说不要从头到尾按照顺序做题，而应当是先把自己最有把握的题做完，然后再翻回来做那些没把握的题。但这对于这种性格的孩子就成了一个很有难度的要求，他们总觉得这样是不合适的，特别是当跳过去的题分值很大时，他们会无法接受。

（3）父母要注意自己性格和孩子性格的差异

中国有一句古话："龙生龙，凤生凤，老鼠的儿子会打洞。"不知道为什么，许多家长把这种意思曲解为孩子的性格会跟父母一样。这导致了一个非常严重的问题：许多父母分析认识自己的孩子时，想当然地以自己的性格来度量孩子的性格。比如，许多家长经常对孩子进行过度的逼迫或者责备，当有人劝阻的时候，他们会说："没关系，他们还不至于连这点打击都承受不了，要真承受不了，那也就没什么大出息了。"也许，他们自己小的时候，可以承受比这些更大的打击，但他们的孩子就未必，性格不是血型，是没有绝对的继承性的，如果他们的孩子是情绪型的或者是依赖型的，那就会对孩子产生极大的伤害。

与此相反的是，有些孩子本来需要激一激，但家长总觉得孩子像自己一样承受不了，畏首畏尾下不了决心，结果白白耽误了教育引导的机会。

有一个学生，从小娇生惯养，养成了一种玩世不恭的态度，什么都不当一回事，本来适当地敲打一下是可以有所改变的，但是家长却和我商量：千万别打击孩子，最好连语气比较重的话都不要说。因为孩子的父亲小时候就经常被家长责备，弄得他很不自信，到现在做什么事都提心吊胆。他们几乎每次联系我的时候都会反复强调这一点，甚至说："他不学就不学吧，别因为这个弄得将来出去什么事都不敢做。"这个孩子最后不仅是在学习上，在其他各个方面也基本没什么收获。

父母和孩子之间的绝大多数隔阂和矛盾都是因为性格差异产生的。我们经常碰到这样的情形，父母要孩子去做某件事，哪怕只是很小的一件事，但孩子偏偏不做，或者不想在父母指定的时间里按照父母限定的方式做，父母又寸步不让，结果双方就开始针尖对麦芒、硬碰硬地开战。

其实，孩子对许多事情会有自己的想法，家长可以先认真倾听孩子的想法，如果确定没什么原则性的问题，完全可以让孩子自己做主。这里面最怕两种情况：

一是双方在原则性问题上看法不一致，那是最麻烦的。

二是家长对孩子没有充分的信任，或者习惯于支配孩子，即便从理性上觉得孩子的想法问题不大，也会习惯性地干预。

（4）各种性格的家长和孩子之间需要注意的方面

①强势性格的父母和强势性格的孩子。

强势性格的人一般都有强烈的自信心和自主意识，这一类型的家长对孩子有着非常强的支配和控制心理，喜欢发号施令，甚至帮孩子安排规划好一切，希望孩子听从自己。如果孩子表示异议，他们会想尽一切办法让孩子听从自己，甚至用过激的方法逼迫孩子就范。而这一类型的孩子一般恰恰非常不喜欢别人干涉自己，一旦自己的想法被干涉，容易生气，甚至会用不恰当的方式抗议和反击。

这种冲突几乎在所有的家庭中都不同程度地出现过，这不仅仅是由于家长和孩子的性格，而且是由于双方的关系。在这种关系中，家长从一开始就居于强势，孩子一开始就居于弱势，当孩子渐渐长大，有了自己的想法后，自然而然地对外界干预有了某种程度的选择性接受，这就意味着肯定有拒绝的情况出现。特别是由于家长们在孩子的成长初期多数会对孩子采取某种程度的迁就纵容，这种情况就愈加明显。

当然，强势的父母也有他们天生的教育优势，他们本身往往在各方面都比较优秀，因为他们对自己的要求也比较严格，所以他们经常是孩子的榜样，孩子容易对他们产生一种敬佩感和依赖感，由此可以从他们那里得到熏陶。但如果强势的家长不能恰当地把握这种优势，过度地用自己的标准和想法来要求孩子，就会适得其反。

某个周末，一个朋友给我打电话，说他的父亲和他上初中的弟弟正在家里大打出手，让我赶紧过去劝劝。我大体上了解了一下情况，事情的起因是孩子最近几次考试的进步比较大，老师和家长一致认为孩子可以百尺竿头更进一步，所以对孩子提出了更严格的要求。孩子毕竟是孩子，尤其是初中阶段活泼好动的男孩子，他很讨厌把自己的生活用条条框框约束起来，根本没有认真落实。于是家长对孩子进行了严厉的批评，甚至下了死命令："必须不折不扣地执行，否则以后就不管你了，连这点决心和毅力都没有，一点都不像我们，将来还能有什么大出息？"孩子在性格上还真有点像家长，直接把父母的话给挡了回去："你们是你们，我是我，我有我的想法，不是你们手里的橡皮泥，你们想怎么捏怎么捏。哪条法律规定我一定要听你们的？我受够了。不管就不管，没了你们我还就不活了？"双方就这样开打了。

　　他们一家人的性格都这样，我先和孩子交流了一下，当孩子的情绪渐渐平复下来后，他对我说了这样一段话："其实我挺佩服我爸妈的，他们对我照顾得很好，他们的很多想法和做法我都觉得很好，我也在不断地学习他们。尤其是我爸，他做出来的好多事我都觉得无可挑剔。可是他总让我什么都学他，这一点我特别反感。毕竟我不是他，我的想法和他的想法肯定有不一样的地方，不可能完全按照他的标准来。而且他把我的一切都设计好了，甚至连我将来上什么学校、做什么工作、什么时候结婚都设计好了，我就觉得我的生活没什么乐趣可言了，你说人活到这个份儿上有什么意思，我的价值在哪儿？我不想一辈子生活在大人的阴影里，他们什么时候能把我放一放？"

　　应当说，孩子的这种想法还是很值得赞同的。于是，我和家长商量了一下，让家长和孩子平等地协商一个明确的界限，这个界限以大是大非的原则为标准，在界限内准许孩子自己做主。尤其是在双方争议比较大的方面，要一同商议制定详细的规则，双方切实遵守。当双方出现分歧时，父母一定要克制，不强迫、不威吓，更不能采取过激的方式。要多倾听、多交流，不要摆出一副高高在上、令行禁止的姿态。孩子也必须首先意识到家长不是有意地为难自己，而是基于对自己的关爱，所以不要一听到父母对自己提出要求就反感，也要好好想想是不是自己确实想得不够周全或者做得不够。

　　他们之间最大的争议就是孩子到底学到一个什么样的程度算合适。按照家长的意思，他们非常希望孩子将来能考上中国人民大学的金融专业，这是一个相当高的要求。可孩子觉得学习上尽力就可以了，为什么一定要学到什么程度，不能为了尽力学习就把其他方面的东西全都牺牲了。其实孩子的这个想法也是很模糊的，尽力是一个很难量化的标准，他们这次冲突的原因之一不就是因为双方尽力的标准不同吗？父母认为孩子没尽力，可孩子认为自己已经够尽力了。

　　对此我提出了几点建议：一是孩子将来的发展是充满了变数的，可以暂时不考虑高中阶段的问题，顶多明确一下中考的目标就可以了。二是双方就人生观和价值观进行深入的交流磨合，在父母尊重孩子，孩子认真听取父母意见的前提下，有一个初步的人生价值规划，这样就可以相对明确地设定一个努力的标准，便于施行。三是在前两条的基础上，父母可以带着孩子与各科老师做一次详细的接触，共同分析孩子的学习潜力，把努力的标准细化到具体的知识点和难度层面上，这样就更好了。

在这里我想特别提醒各位家长，如果您和孩子双方都是这种性格的话，那对于一些非原则性的细节问题尽量不要太过干预，这种性格的孩子最烦这种做法，您只要在大方向大原则上把握好就可以了。而且把握的时候一定要和孩子协商，至少要通过认真仔细的谈话让孩子意识到你这么做的理由和原因，不要习惯性地直接下命令。

千万不要盲目地认为爱他就要严格要求他，相信他长大以后就能理解自己的苦心了。这里面有两个问题：一是如果你的孩子思维比较成熟严谨，至少他的忍耐和克制力足够，那你这种想法确实是正确的，而且是可行的。但如果他的性格还没完善到这个程度，你的这种想法根本到不了等他长大体会到你的苦心时就会产生巨大的危机。二是严格也要有一个限度，一般来说家长比孩子要严谨得多，因此家长必须考虑自己的严谨程度以孩子的年龄或性格是否可以接受，如果你的严谨超出了他们所能接受的限度，要么让他们觉得不胜负荷，对自己失去信心，要么激起他们的反感甚至是反抗。即使这孩子永远达不到你的预期标准，也不表示他就是个坏孩子或者说没什么希望了。家长最好想想自己小时候也可能和自己的家长产生过这种矛盾。

我经常见到父母对孩子提出过于细节化的要求，比如几点吃饭、几点睡觉，只能玩多长时间，甚至字的大小、衣服的颜色、食物的搭配、房间的布置等等，都有具体的要求。当然，这些要求肯定有一定的理由，但如果规定得太细，没有足够的余地，绝对是得不偿失的。即便不按照营养食谱，孩子的身体也不见得就多么差，可如果为了这个而将父母和孩子的关系搞僵，那结果是显而易见的。

这样的情况还是比较容易解决的，就怕双方或者其中一方太倔，太不理性。我曾经见过一个家庭，父亲和孩子都是一旦认准某个想法九头牛也拉不回来的主儿，父亲觉得孩子就得管教，做得再好也得管教，不管教怕将来就管不住了，这成了典型的为管教而管教了；孩子却认为小时候你打我骂我我没说的，可我长大了你就不能再打骂我了，甚至根本不用再管我了，我有我的想法，即便将来证明我错了那我也认了，那是我的事，用不着您老人家操心。这样的父子俩搁一块儿，那情形是可想而知了，三天一小吵，五天一大吵那是保守的说法，一言不合，大打出手那是家常便饭，最后弄得孩子负气离家出走……

如果是这种情况，家长更要冷静，因为毕竟成人的反思意识和理性都更强一些，必须意识到自己对孩子成长的重要性，多采用一些柔性的方法，"只要工夫深，铁杵磨成针"。这个前提就是家长要能很好地克制自己。

②强势性格的家长对弱势性格的孩子。

大多数人认为家长强势，孩子弱势，教育起来会比较顺手，因为弱势性格的孩子顺从性和依赖性比较强，多数情况下会尽量接受父母的要求，即便无法接受，也顶多表达一下自己的难处和理由，很少明确地拒绝甚至抗争的。而家长的性格和能力又能满足孩子对自己的依赖，还可以在相当程度上给孩子一定的激励。所以一般情况下人们会觉得这样的亲子搭配，教育易如反掌，不会有什么问题。

事实上这样的亲子搭配也有缺陷与危机。

首先是孩子经常会主动或被动地将自己与家长进行比较，弱势性格的孩子如果能力也有些不足的话，可能会在这种比较中产生自卑的心理，而他们的性格特征又使得他们不能很好地调控自己的自卑——不仅是自己难以调整，而且也不愿意寻求外部帮助，他们可能无限期地把这种心理深深地压在自己心里，直到把自己压垮或者承受不住一次性爆发。

一位家长和我谈到一个情况，她的孩子从小很听话，各方面也比较努力。孩子升入初中后，为了激励孩子能更好地发展，她和丈夫想了一个办法，把她和丈夫从初中开始一直到高中大学甚至出国留学期间得到的学位证书和各种荣誉证书都贴在孩子房间里，结果反而让孩子产生了一种高不可及的感觉，变得非常自卑。他们后来也觉察到了这种情况，并着手对孩子进行思想工作，但他们经常说："别看不起自己，你现在不如我们未必将来不如我们""要自信不要自卑，自卑是成功最大的敌人，如果你一直自卑下去，你就真的可能一事无成了，如果你变得自信起来，成功会随之而来。"……

可效果并不理想，后来咨询了心理专家以后才明白，他们的出发点当然是好的，但他们说这些话时所关注的重点和孩子理解这些话时所关注的重点并不一样。孩子关注的重点是我现在不如你们，"将来未必不如你们"也就意味着"将来未必像你们一样"，我现在很自卑，而且我现在还没有有效解决这种心理的希望，那就意味着我确实可能一事无成了。

孩子的父母只对孩子进行单方面的教育，没有进行深入细致的交流，所以这种想法长时间盘踞在孩子心里，越来越沉重。直到孩子有一天怯生生地对她说不想再上学的时候，他们才意识到问题的严重性。

后来，在心理专家的帮助下，孩子的情况得到了有效的缓解，但两年多的宝贵时光就这样错过了。

其次，弱势性格的孩子往往比较敏感，他们很在意别人对自己的看法，而强势性格的家长又经常在口气和用词上也比较强硬，其中一部分人甚至不大讲究这些，这就容易造成一种"言者无心，听者有意"的困境，孩子又不愿意与家长把这些细节交流清楚，就会在无意之间对孩子造成长久的伤害。

我有一个学生，她的父母长期在外地做生意，一年也未必回来一次，但对她的学习还是非常关心的，基本上每天都要给她打电话了解情况。高中生学业负担本来就重，这孩子做事又慢，日常学习情况和考试成绩都比较一般，所以她的父母经常会说："这怎么行呢，连老师布置的作业都做不完。""现在上课就有听不懂的，那到了高三怎么办？""这成绩不行吧，这能考上大学吗？""你怎么没进步啊，好好想想问题出在哪里了，赶紧想办法。"……

对于父母而言，这些话都是随口而出的，可这个孩子心里不这么想，她觉得父母千里奔波、苦心经营都是为了自己，已经够辛苦了，现在自己还让父母这么操心，真的很不孝，所以她经常找个地方躲起来偷偷地哭。我联系了她父母，请他们专门回来一趟，与孩子把相关情况沟通清楚，舒缓一下她的压力，她父母也很体谅地表示："我们也不是一定要让她考多少分，就是希望她好好学，尽力就行了。"结果她又觉得让父母百忙之中专门因为自己回来一趟，太不给父母争气了，而且父母的意思明显就是觉得自己没尽力，自己这么大了连这么点事都不能让父母放心，太失败了。

后来我和她父母背着她商量，实在不行就多说些"善意的谎言"，用各种方式表达对她的放心和赏识——不是理解，因为说理解她等于暗示她做得还不够；减少打电话的次数，从实际行动上让她感受到这种意思，她的这种低落情绪才渐渐地得到了缓解。

③弱势性格的孩子受性格影响，往往在各方面的成效上与父母的心理预期有差距，父母会因为沉不住气对孩子提出一些超出孩子承受能力的要求，把孩子压垮。

这种情况更多地出现在有比较的情况下，特别是考试前后。不少家长在孩子的考试成绩揭晓后，发现不如自己预想的好，心里一着急，忽略了孩子的性格特征，只是单纯地从学习强度和成绩上对孩子提高要求，弄得孩子还不如原先。

有的家长在很小的事情上也是这样。有一次我在广场上碰到两位父亲带着各自的孩子玩，这两个孩子顶多四岁。其中一个孩子提出要坐旋转木马，但另一个孩子很明确地说自己不去，他害怕那种感觉。前者的父亲无意中说了一句："男孩子还怕这个啊，不像你爸啊。"后者的父亲说话了："去锻炼锻炼，慢慢就不怕了，连这都不敢坐，将来坐船坐飞机怎么办，不出门了？"然后不由分说把孩子抱了上去。整整半个小时，我一直在那看着，那个孩子双手死死地抓着把手，脸色煞白，身体紧紧地缩在一起颤抖着，一直就没睁开过眼睛。

要说四岁左右的孩子绝大多数是能接受这种旋转程度的，但是这个孩子既然害怕，父母最好不要强求。希望他通过锻炼逐步改变这种状况是可以的，但不要这么简单粗暴地处理。因为如果孩子心理调节能力不强的话，这可能给孩子埋下心理阴影。

相比之下，我见过的一位母亲处理这件事就要高明得多。她先是带孩子到旋转木马附近，让孩子看木马上坐着的那么多小朋友在开心地玩，然后对孩子温柔地说："你看，这么多小朋友都在上面，那位小朋友还用一只手把着扶手，另一只手拿着雪糕在吃呢。他们玩得多开心啊，木马是小朋友们的好朋友，就像妈妈和你一样，它怎么舍得把小朋友摔下来呢？"然后她静静地观察着孩子的反应，给孩子足够的时间，看到孩子确实不像原先那么紧张的时候，她又指着一个空着的木马说："你看，每个木马都有一个小朋友搭伴，他们玩都多开心啊。这只木马却孤零零的没有小朋友搭伴，多可怜啊。它多希望有个小朋友和它一起玩啊，妈妈和你一起坐上去陪它玩好吗？"孩子欣然点头。母亲抱着孩子坐上去后，木马继续旋转，孩子还是有些紧张，这位母亲轻轻地抚摩着孩子，缓解他的紧张情绪，又随着音乐的节拍大声唱着儿歌，欢乐地笑着，上面所有的孩子都被这位母亲带动起来，一起唱着、笑着、叫着，这种气氛感染了那个孩子，他很快融入到这种氛围当中。

当这位成功的母亲抱着孩子走下旋转木马的时候，我冒昧地上去向她请教，才知道她带孩子来坐旋转木马，就是因为孩子从小胆小，性格懦弱，希望通过这些慢慢地帮孩子改掉这个毛病。我问她："有办法让你孩子在过山车上也能变得不害怕吗？"她说："现在肯定不行，总得让他慢慢适应。先带他坐几次，然后让他自己坐。等他习惯了以后，再陪他坐更快一点、更高一点的，逐步改掉。其实，就算他将来永远不敢坐过山车也不要紧。只要让他知道自己害怕的不一定真的可怕，将来生活上出现挑战的时候不至于不敢面对就行了。"这实在是一位成功的母亲。如果她在各方面都能这么深入细致，相信这个孩子的未来是很值得期待的。

如果您和孩子是这种搭配，那希望注意以下几点：

对孩子要有足够的耐心和鼓励，必要的时候要不厌其烦地对他进行指导和帮助，甚至可以陪着他一起去做。当他确实做不到或者不愿意做的时候，不要强迫他，要给予他足够的宽容，即便他想放弃，也要尽量理解他，在不是关键的事情上放弃一下问题不大，呵护他的信心和勇气才是最重要的。

注意您的语言行为，甚至表情和眼神，因为孩子可能对这些非常敏感，也非常容易受打击受伤害。多进行正面的鼓励、引导和支持。多搜集他的进步和成就，经常有意识地引导他回顾这些，最好能进一步和他一起分析取得这些进步和成就的原因，引导他走出性格的困境。

经常主动与孩子交流，尽量了解他各方面的状态，鼓励引导他说出自己的想法，特别是那些积极的想法，要尽量呵护他；即便他一如既往的消极，也要予以足够的理解，设法鼓励和引导他去尝试一些不一样的思路，在足够的实践体验中慢慢地帮他改变自己的性格和相关问题。

我有一个朋友的孩子，从小怯场，老师在课堂上提问一下也能让她紧张得结巴起来，就算老师让她坐下不再回答问题，她也得半天才能缓过劲来。要是碰上考试，那就更别指望了，去考场的路上腿都是软的。为此，从小学开始家长就没少被老师约谈。

到了初中，这种情况就更严重了，初中老师对考试的重视程度比小学老师要重得多。小姑娘的怯场情况也比原来更严重了，有一次居然晕在考场上。后来朋友的妻子一咬牙，"孩子要紧，下次先别考了。"他们和老师联系了一下，某次期中测试的时候，给孩子请了假。到期末考试的时候，两口子想了一个办法，他们让孩子缺考了第一场，然后和老师商量好，假装无意中带孩子路过学校门口，这时，老师"恰巧"出来，看见他们很高兴，老师说："小X啊，今天老师在书店碰到几本好书，觉得你可能喜欢，就买下来准备送给你，刚才找你看你不在就放教室了。老师现在有急事要出去，要不你和老师一起去拿一下吧。"看着孩子还有些犹豫，父母和老师就一起撺掇她："去拿吧，拿上就出来。"当老师带孩子走进考场的时候，她的同班同学一起喊她："小X，坐这等我们一下，等我们考完了还有活动呢，不能少了你啊。"在大家的呼唤下，她终于坐到了座位上，那次考试，她第一次没觉得怯场，后来的考

接受孩子的差异性，让他们循着自己的个性发展

试，老师和家长们也决口不提发挥、成绩这一类的字眼，就是慢慢引导她，让她意识到这就是一个再普通不过的人生经历，这个问题就这样慢慢地解决了。需要注意的是，我们说不要以硬碰硬或者以硬压软，是怕激化矛盾或者对孩子的心理造成伤害，但并不意味着这种做法在所有情况下都适用。

比如，对于许多倔强的孩子而言，如果家长一味地迁就退让，或者只寄希望于通过交流互动来解决问题，可能把这种教育技巧异化为纵容娇惯，让孩子在家里称王称霸。孩子固然需要某种程度的自由与一定的退避空间，但是，做父母的必须要结合孩子的实际情况把握一个起码的底线，这个底线可以视情况不断调整，但在原则性的问题上不可随便让步，并且要说到做到。比如孩子怯场可以缺考一两次，但如果孩子以此为理由不断回避考试，那就肯定不行。在帮助和鼓励的同时，该施加压力的时候还是需要给些压力的。所以我有时候对家长说："我们在某些问题上回避，是为了获得一个教育的纵深阵地，但并不意味着向孩子的性格缺陷或者坏习惯举手投降。"

所以，对于性格倔强的同学，家长还要进一步分析孩子性格倔强的程度，在他们的倔强上限处多做文章，不断地想办法降低他们的倔强上限，提高他们的互动上限。

许多父母在孩子上网、玩手机、看小说的问题上碰到了难题，他们也一直在管，但每次管的时候总会碰到孩子的反抗，甚至是比较激烈的反抗，最后往往不了了之。久而久之，家长和孩子都觉得也就这么回事情了，碰上就说说，说了就吵吵，吵完了也就完了。这么做不仅会降低父母在孩子心目中的威信，也会让孩子对什么事情都无所谓，别人怎么说由他说去，自己想怎么做还照样怎么做，导致孩子对外界的正确意见和建议置若罔闻，不善于反思，对孩子的成长造成极大的负面影响。

我们经常会碰到孩子缠着家长买玩具，或者懒得做家务，不想按时完成作业时，他都会先撒娇，然后不断地纠缠甚至威胁，而结果往往是孩子胜利。这其实是一种不妥当的做法。我问过很多这样的父母，他们妥协的原因往往是这么几种：觉得这也不是什么大问题，买就买了；孩子还小，讲道理讲不清楚，硬性拒绝又怕让孩子伤心，为这小事动手就更舍不得了，等他长大了可以沟通交流的时候自然就会拒绝他；怕孩子伤心，影响亲子关系。这些当然是值得顾虑的，但对于多数孩子而言，他们的心理承受能力和心理调控能力还是能够接受的，所以父母完全可以直接拒绝。否则，当孩子养成这种习惯以后，再想通过沟通交流进行解决，效果就不是那么好了。

而且，在这种非原则性问题上，沟通交流的效果并不很好，因为你很难有充分的理由说服孩子，很容易和孩子陷入僵持不下的争辩之中，在这种情况下，孩子因为各种诱惑而产生的争辩热情要远远大于你拒绝孩子的争辩热情，结果往往是你妥协，还不如直截了当地拒绝他，别给他讨价还价的余地。不需要说教，甚至不需要多做解释，让他在成长过程中不断反思，总结出不可以提不恰当要求的人生经验。

总而言之，在这种情况下不要惧怕直接的冲突。当你确定孩子的要求已经越过正常的界限，或者长此以往很可能越过正常的界限时，一定要予以纠正，如果你妥协，孩子会逐渐地明白你的言行并不一致，很多他原先觉得无法实现的事情原来也是有可乘之机的，那就麻烦了。

有一点需要注意的是，家长最好根据孩子的年龄和爱好制定一份尽量详细的标准，用来判断孩子到底在什么情况下提出的什么要求是必须拒绝的。其实这才是整个过程中最难把握的地方。面面俱到显然是不可能的，太粗疏又缺乏参考价值，还不能完全按照自己的想法来制订，也要考虑到孩子的心理和情绪。

我的建议是，平时多留心与孩子的年龄段关系比较密切的事物，多留心周围孩子的情况，条件允许的话多阅读教育类书籍，多听听专家的讲解，以此作为参考，把最可能出现的情况列出来。比如，小学阶段的孩子们最可能提到的是买玩具、文具、衣服，睡懒觉，做游戏，看电视，玩电脑游戏；到了初中阶段就增加了买手机、MP5、各种课外书籍，完全自主的同学聚会、旅游等。如果孩子提出的要求你事先没考虑好，不明确是否应该同意，可以明确告诉他："爸爸妈妈要商量一下再做决定，你不必担心因此错过机会，如果我们商量的结果是应当同意你的要求，我们一定会想办法给你补上。"不过，如果你们商量的结果确实是应当同意，那就一定要补上，不能说话不算数，否则孩子对你的信任肯定会打折扣。如果是因为怕麻烦而把本来应该同意的事情说成不同意，那将来等孩子想明白这条的时候，就再不会听你的了。

我在朋友家里曾经碰上过这种情况。原先孩子提出要求，周末的时候想让父母带自己去参观某个有时限性的展览，父母担心影响孩子的课外钢琴辅导，说要征求一下老师的意见再定。老师同意了，全家商定这个周末出发，偏偏孩子的父母都接到了临时加班通知。即便父母再三保证下个周末一定会带孩子去，孩子还是非常不满意，"你们说过无论如何会带我去的，说话不算数。谁知道你们下次会不会加班？"其实我也觉得孩子说得有道理，父母的保证给了谁都不会信了。当然，父母不可能为了这个而影响工作。在生活的压力和孩子的不信任之间，绝大多数人会选择前者，但家长完全可以托朋友帮忙带孩子去转转。这件事情的结果就是我主动提出带孩子去的，效果也挺好。

对于弱势性格的孩子，有时父母替他干脆利索地作出决定，可以省去孩子的不少负担，减少不必要的时间浪费，很多情况下是好事。有些孩子懒得多想，父母要是提出明确的要求，他也就保质保量地做了；如果父母给不出明确的要求，他的时间也就在无聊中流逝了。还有一些孩子在重要问题上本身就发愁作决定，基于在孩子成长过程中有很多事情是逃脱不得的，那父母就干脆给定了，以免造成无谓的损失。我的一个学生在高考报志愿的时候，因为觉得自己考得不理想，没有和老师联系，只和家长商量，家长怕选错了学校将来遭孩子埋怨，说："那是你的事，你自己作决定。"孩子又决定不了，直到学校收缴志愿表的时候我才发现这个情况，只能和他匆匆商量一下填上了事。

④对于天生喜欢交流互动的孩子，强势性格的家长要软一些，而弱势性格的家长要让自己积极一些。

这一类孩子喜欢表达自己的观点，也喜欢听取不同的意见作为参考，所以一般不必担心他们把握不了自己，关键是给他足够的意见和建议。比如孩子小时候玩搭积木，互动型的孩子很喜欢问家长到底搭成什么样好，这时，强势性格的家长和弱势性格的家长的回答竟然是非常相似的："自己搭""你怎么喜欢怎么搭"只是语气上有差别。但这两种回答，无论是内容上的相似还是语气上的差别，最终只能让孩子失望，因为他没有得到自己想要的多种建议。而且这种孩子一般都比较在意别人对自己的看法和态度，或软或硬的拒绝很有可能会打击他的积极性，疏远家长和孩子的距离。

最好的做法是你告诉他多种搭法，或者与他共同探究新的搭法，把尽量多的可能性展现在他面前，满足他的心理需求并进一步提高他的积极性。

在此我想举我看到的两组亲子互动镜头作为实例。

一组镜头的内容是：

一个小孩画了大大小小几十个相交的圆形，对妈妈说："妈妈，你看这像什么？"其实这个孩子画的时候根本没什么想法，就是第一次玩圆规随便画的。但母亲没有觉得无聊，她认真地想认真地回答："这是太阳、月亮和星星在开会吧，还像很多呼啦圈套在一起，还像什么呢？妈妈实在想出不来了，宝宝能告诉妈妈吗？"孩子看了半天说："还像一堆乌龟在睡觉，还像宇宙战舰的炮弹。"妈妈夸奖孩子说："真聪明，你这么一说妈妈又想出来了，它们也像我们吹出来的好多好多的肥皂泡。"孩子的兴致高涨，不停地想着新的答案。

对于互动型的孩子，如果家长能从小满足他们的互动需求，就很容易和他们拉近距离，成为人们向往的心贴心的好朋友，也就是拥有我们日常所谓的"零距离"的亲子关系。

第二组镜头是：

正在上高中的儿子有些不好意思地问父亲："谈恋爱真的影响学习吗？如果真是这样，为什么我们学校就有不少同学在谈恋爱，那些学生不会明知道这么做不对还非要谈吧?""你这是用自己的标准来衡量他人了。有些人明知道有些事情是错的,可就是控制不住自己,偏偏要做;明知道有些事情是对的,偏偏做不到。比如说哪个学生不知道作弊是错误的?但就是要这么干。""我觉得这两件事好像不一样,考试作弊是因为怕考不好或者在父母那不好交差,那是有苦衷,可谈恋爱有什么苦衷?""你忽略了另一点,有些错误不是因为苦衷才犯,而是因为诱惑。""嗯,有时候我也有这种感觉,比如说有些事情我们就不想和很多人说,不想和父母说也不想和男孩子说,找个细心点的女孩子聊一聊比较好。""那不一定非要找个女朋友,你实际上是想找个异性的知音。"孩子点点头。"实际上好多孩子就是因为错误地把两者等同起来才走上了谈恋爱这样一条错误的道路。在你们这个时候,交朋友是正常的成长需求,可早恋那绝对是一种错误的想法。谈恋爱,那爱是什么?连爱是什么都不清楚,就想着谈恋爱,那不是像你还不知道爸爸妈妈给你买的是什么衣服拿起来就穿吗?万一是件女孩子的衣服呢?穿出去还不让人笑掉牙。""那你说爱到底是什么?"父亲不好意思地笑了,"不瞒你说,我从和你妈妈谈恋爱开始就讨论上这个问题了,可现在你都长这么大了我们也没弄清楚。""那你们还谈?还要结婚?""什么年龄段都有它必须要做的事,就像你上了小学就得好好学习一样,不管你能不能想通,至少得先开始吧。可你在上小学之前我们没有剥夺你一丁点玩耍的时间吧?到我们那个年龄,不谈恋爱不结婚就错过了人生;可在你们这个时候,谈恋爱就错过了人生。""你说谈恋爱的危害到底有多大?""这是爸爸妈妈的疏忽,觉得你刚开始上高中,要和你交流的东西很多,所以没有把这个问题列在前面。这样吧,我们一起去搜集一些在高中生这个群体里发生过的实际例子看看怎么样?"于是父子两人一起通过网络和家里的教育书籍搜集了很多初高中生谈恋爱的实际案例,切实地了解了这种行为的危害,孩子走出了思想误区。

事情办到这个程度,可能许多人觉得已经彻底解决了,但这位父亲很有见地,他又加了一重保险:"孩子,爸爸要先和你打个招呼啊,你们这个年龄，自我控制能力还没有完全发展起来，你既然有了这个想法，那就未必是想明白道理就能彻底解决的。所以爸爸妈妈要关注你一段时间，防止你一时不注意做错。这完全是为了帮助你彻底解决这个问题，既不意味着我们不相信你，也不是说我们会随便干涉你的正常人际关系，你能理解吧。""那行，你们要觉得不放心就看着点我吧，其实我也怕一时控制不住，原来早恋这么可怕。不过别让同学们知道，要不他们该笑话我了。""放心，我们保证做得比007还高明。"

这位家长给了孩子足够的互动空间，与孩子就问题的各个方面进行充分的交流，满足了孩子的交流需求，从而解决了孩子的心理问题，起到了一个引导者的作用。然后他又在实际操作过程中起到了一个监督者的作用。应当说，他对这个问题的处理相当到位。

⑤需要注意的是，互动型的孩子不只喜欢和家长交流，也喜欢和其他所有人交流，所以如果你不能引导控制他，他就可能会被别人引导控制。

这就是许多喜欢聊天的孩子最终沉溺于网络无法自拔的原因。所以，家长注意，要和他真正地互动起来，要倾听他的想法，了解他的心理需求，而不要一味地絮叨或者硬性地命令，在他不理解的情况下强行干预。这些做法本身已经违背了互动型孩子的心理需求，会让他们觉得失望或者反感。而一旦他们觉得在父母这里得不到满足，就会转而寻找其他的途径。试想，上面这个孩子如果从父母那里得不到理想的回答，或者父母没想到要在谈话之后进行扎实的监督，他就可能在与第三方互动的过程中得到错误的信息和引导，从而走上歧路。

一位同事在处理一个学生早恋的事情时，曾经在这个学生的QQ聊天记录里发现了他跟网友的对话，比如"高中生还怕谈恋爱，你OUT了，我初中的时候就有男朋友了""同学，搞了半天你还是个毛孩子啊，连个女朋友都没有，你上的什么高中啊"……互动型的孩子本身就容易受别人影响，天天听着这样的"教诲"，父母又没有及时地发现引导，不走歧路才怪。

由此，我想给互动交流型孩子的家长一个建议：当孩子与你交流互动的时候，千万不要觉得事情很小或者觉得这个事情与孩子没什么关系就不与他进行交流。比如，你带孩子出去吃饭，孩子想去另外一个饭店，你就直截了当地说："今天就去这吧。"你可以问问孩子为什么想去那里。或者孩子回来碰到你换了个窗帘，谈了点自己的想法，什么"颜色上应该淡一点""风格上应该前卫一点"之类，你也别说："小孩子别管这些，做作业去。"看似小事，但如果你与他进行交流，甚至能引导他进一步思考，这件事很可能成为一个很有价值的教育资源。至少也能保证你们之间的沟通是通畅的。

有一种比较特殊的互动情况，那就是这类型的部分孩子不仅可能与人直接互动，甚至可能通过电视、书籍与人间接互动。也就是说，他们可能在谁都没有意识到的情况下通过各种媒体满足自己的互动需求，所以家长对这类孩子能够接触到的媒体和书籍要予以充分的关注。但别像特务一样监视，要像上面那位家长一样先把道理给他说清楚，取得他的理解。

⑥内敛型性格的孩子。

这种性格的孩子表现出来的性格特征肯定不是那么强势，所以很多家长把他们归入弱势性格的群体，觉得他们需要家长的强力支持和管理。实际上，这些孩子并不像家长们想得那么弱，他们心里对自己有清醒的认识，也有相当具体的想法，他们知道自己是什么样的人，同样也知道自己需要什么，该怎么做，也会扎扎实实地按照自己的想法去做。只是因为他们不喜欢交流表现，所以人们不知道而已。

对于这一性格类型的孩子，不要太多地干涉他的思想和行动，你要做的就是给他足够的时间和空间，让他去思考落实。也许在你看来他无所事事的时候，他其实正在自我反思调整。即便你担心他把握不好自己，也不要太直接地与他交流，他不喜欢这样也不擅长这样。你可以暗中观察，如果真的有什么问题，通过某些巧妙的方式不露痕迹地暗示他。

比如，我的一个朋友提到他上初中的女儿，这个孩子学习不错，但成绩不是太冒尖。他们觉得孩子比较"皮"，想采取一些强硬的措施，可又觉得孩子比较内向，从小柔柔弱弱的，怕孩子受不了。

我对朋友说："皮有两种，而且情况完全不同。一种是比较劣性的皮，这种孩子自己不善于反思，又不喜欢听取别人的意见，明知道错的也要干，明知道对的也不做。如果是这样就确实需要采取一些长期而强硬的措施。可还有另一种情况，那就是你的孩子只是不喜欢与别人交流，但她的想法和行动是经过深思熟虑之后才确定的。如果是这样，那你就得好好想办法弄清楚她真实的想法。也许她考虑的比你成熟多了。"朋友有些无奈，"我们问了她很多次了，她不说呀。""那很正常，这类孩子本身就不喜欢交流，你可以换一种方式，去观察、去分析。找与孩子走得比较近的同学去问。"询问的结果是不少同学反映这个孩子好像对画画比较感兴趣。朋友告诉我："这个情况我们和老师也都了解，可是问她是不是想走美术这条路吧，她也不说啊。"我告诉朋友："这种孩子的性格本身就是不喜欢显山露水的，这不意味着她没什么想法。你可以间接地逼她一下，看看她的反应。"朋友晚上回去以后对女儿说："想给你报个课外班调剂一下课余生活，觉得美术比较适合你，就给你报上了，你觉得怎么样？"孩子的回答还是老样子："嗯，行。"但是朋友仔细地观察发现孩子听到这些话时眼神发亮，就下决心给孩子报了美术辅导，也不再硬性地要求孩子成绩必须进前几名。到快中考的时候，父母发现孩子居然想报一所不太好的学校，以她的成绩完全可以考上一所更好的学校。这时孩子才说："我打听过了，那所学校的艺术考生达线率很高，就是上文化课的时候秩序不是太好，可是我觉得自己能避免这些干扰。"原来，孩子早就有了这个想法，她之所以没有表露出来，是因为她还没考虑好自己到底要不要走这条路，也没掂量好自己到底有没有学艺术的天分。

朋友把这一切告诉我的时候，感叹一句："要是一开始就逼着她进一步提高文化课的成绩，不仅可能给她造成额外的压力，而且很可能打乱她的计划，那可就真错了。"

不过，必须承认，这类孩子一旦思想和行动出现了什么偏差，也是最难处理的。因为这类孩子不喜欢交流，他们即便渴望交流，也未必会表现出来。由此产生了三个难题：一是家长不容易发现这一类孩子的问题；二是发现以后不容易和孩子沟通；三是沟通以后也需要相当长的时间才能解决，这对家长是极大的考验。关于第一个问题，家长对这一类的孩子一定要细心，不仅要多观察多分析孩子的一举一动、一言一行，还要多和孩子的老师同学交流，从细枝末节上尽早地发现问题。不过要谨记两点：一是细枝末节上表现出来的问题未必真的是问题，还需要认真地分析，设法创设一定的情景证实；二是像我前面提到的，虽然看孩子的日记是一个很好的办法，但不到万不得已别这么做，这类孩子最接受不了的就是这个。关于第二点，如果家长发现这类孩子的思想行为确实出现了什么偏差，可以通过发短信留纸条的方式委婉地提示孩子一下，可以给孩子分析问题，也可以提示性地给一些建议，但一般不要提硬性的要求，给他足够的思考、适应和调整的时间。关于第三点，通过含蓄的方式与孩子沟通以后，既要密切观察逐步跟进，又要有充分的耐心，一定要沉住气，慢慢来，不能不管也不能急。

为了帮助家长具体了解如何把握这个尺度，我举个实际的例子：

有位小学生的家长发现自己的孩子不喜欢和同学交往，或多或少地存在一种应付的情况。家长观察得非常仔细，孩子过生日的时候，按照惯例邀请了几位最要好的同学，但是家长发现虽然同学们满怀热情地祝贺孩子，可孩子似乎并不是多么发自内心地高兴。老师也曾经提到过想让孩子担任班干部，但孩子拒绝了。家长担心孩子这样下去会越来越孤僻，但是，他并没有急着对孩子做什么，而是和妻子通过巧妙的方式验证了一下。

他验证的方式有三个。一是某个星期天早晨他对孩子说："爸爸妈妈的单位今天都要加班，不能陪你了，中午饭需要你自己想办法，小朋友在这种情况下会怎么办呢？"孩子回答："去爷爷奶奶或者外公外婆家。""可是你的爷爷奶奶和外公外婆都在外地啊。""没关系的，我长大了，可以自己照顾自己的。""但是爸爸妈妈不太放心啊，要不你去同学家吧，我把你送过去，和同学的爸爸妈妈说一声。""不用了。"

父母也没有再多说，假装出门。他们怕孩子看电视消磨时光，又在出门后悄悄地把家里的总电闸关了，然后暗中观察，结果发现孩子一整天都没有出门，自己在家里玩，午饭的时候只是吃了点冰箱里的方便食品。

第二件事情是他们多次建议孩子周末的时候邀请几个好朋友一起去附近的公园里玩，但孩子只是答应一声，没见行动。他们又给孩子的同学打电话，请同学们主动邀请孩子，同学们也很热情地邀请了，可孩子说周末想睡觉，推掉了，还是自己在家玩。

第三次家长事先和孩子的某个同学的家长联系，说明原委之后，直接把孩子送到了同学家，让孩子待了一天，虽然同学一家很好地照顾了孩子，但家长晚上接孩子的时候，同学的母亲反映这个孩子并没有多和同学玩，还是自己默默地看电视，写作业，而且显得很不开心。

于是，家长采取了这么几步：

①一开始父母有意识地在孩子面前谈话，但没有让孩子参与，只是在谈话中不断地渗透"人需要朋友""朋友的好处"这样一类意思。

②父母找机会更多地邀请自己的朋友来家里小聚，营造出一种谈笑风生、其乐融融的氛围。并且把握住次数，在发现孩子这个情况之前，他们是不定期这么做的，在发现了这个情况之后，他们前两个月每隔两周周末的时候定期聚一次，第三个月每个星期聚会一次，从第四个月开始有时候每周两次，但以后就没有再增加，怕孩子反感。而且在聚会的时候也没有明确要求孩子参加，甚至没有明确地让朋友的孩子去和自己的孩子玩。

③孩子看动画片或者儿童读物的时候，父母更多地参与进来，不露痕迹地通过故事里的情节分析团队和朋友的重要性。

④这样过了半年多，他们开始逐渐想办法让孩子去找朋友玩，但没有明确地提出要求，而是像前面试探孩子的方式一样设定一些具体的情形引导孩子主动提出这样的要求。孩子也确实渐渐开始转变，但仍然不是很主动。

接受孩子的差异性，让他们循着自己的个性发展

⑤每次孩子和同学们一起做了什么事情以后，不管事情大小，父母都有意无意地和孩子谈论这些事情，尽量发掘其中有意义的和有意思的内容，让孩子发现收获与欢乐，加深印象。

⑥当确定孩子的思想开始转变以后，父母开始明确地鼓励孩子积极主动地去找朋友，并且逐渐提出明确的要求，并不断地给予鼓励。最后，孩子终于走出了自己的小圈子，拥有了越来越多的朋友。到初中的时候，孩子被选为团支部书记，他很高兴地接受了，而且做得很不错，多次被评为优秀学生干部。

其实，在家庭教育过程中，内敛型的孩子还不是最让人担心的，真正让人担心的是内敛型的家长。这样的家长很少与孩子进行交流，即便发现孩子有什么问题，也只是憋在心里。毕竟多数孩子还是需要引导教育甚至需要一定的制约监督的，但这恰恰是这一类性格的家长认为不必要的。这就导致孩子成长过程中缺少必要的矫正引导。而且这一类家长虽然不会与孩子产生冲突，但也很少让孩子感到欢乐。这些都会导致孩子"人生养分"的缺失。

给父母的建议：

①不要只是按照自己的性格去分析对待问题，而应该更多地从孩子和家庭的需要着眼。

②如果你发现虽然自己从来不打骂孩子甚至从来不干预孩子，但孩子还是不喜欢和你在一起，应当想一想，你虽然没强迫孩子接受他不喜欢的东西，但是否也没有给孩子他想要的东西。

③交流才能触发感情，尽量主动地与孩子交流，表现出你对他的爱和关注。孩子不是成人，他们最需要的就是外力的扶助。

④摩擦才能产生火花，适当地强势一些，不要怕与孩子有冲突，如果你真的是内敛的性格，即便有什么冲突也不可能太大，局面应该是比较容易收拾的。但如果你一直与孩子保持这种不冷不热、若即若离的关系，等于在放纵孩子，那可能让孩子走上歧路。

⑤您的这种性格使得自己的生活圈子很窄，自然也就可能使得孩子的生活

圈子也变窄，让孩子失去了很多应有的乐趣。改变一下自己，也改变一下孩子，推开窗，打开门，放开心灵的束缚，多迎接一些生活的阳光吧。

急躁的性格是教育的大忌。无论如何，孩子的成长是一个缓慢的过程，其中充满了坎坷和曲折，也很有可能出现一次又一次的反复，我们经常说："十年树木，百年树人。"就是强调教育的复杂性。这对于性格急躁的家长来说，无疑是一个严峻的考验。

我从教后，发现许多学生虽然成绩不错，但死记硬背考进来的多，真正要应对高中的学习，应对高考甚至满足成长的需求，那是非常不足的。所以我一般都是这样安排高中三年的教育教学计划的：高一强调学生品质和性格的培养，在这个方面要投入至少1/3的时间，特殊学生要投入一半甚至更多，在学习上强调学习方法的摸索和学习习惯的培养；高二强调具体知识的学习和运用知识的能力的培养；高三关注知识的整合和应试能力的培养。但这也就意味着我们真正关注考试成绩和排名至少是高二的事情了。许多家长听到我的计划都会提出质疑。但是经过我的解释后，多数家长表示理解和支持。也有极少数的家长坚决反对，认为一年的时间太长了，占去了高中2/3的时间，太可惜了。从这几年的实践情况来看，后一种思路的效果并不是很好。

其实，品质和性格的培养，甚至学习习惯和学习方法的培养，哪怕一年都远远不够。因为孩子到了高中，许多方面都已经养成习惯了。"冰冻三尺，非一日之寒，"有些问题在小学解决起来并不棘手，但到了高中解决起来就非常头疼。

举一个简单的例子——粗心毛糙的问题，统计显示，在小学，只要老师关注并进行一定的监督引导，几个月就可以解决。但在高中，整整三年下来解决得比较理想的都不到60%。

有的学生到高二的时候，他们学的知识已经成了一团乱麻，根本理不出一个头绪。我对家长说："让孩子放松一下，把头脑清清零，让他们有个缓冲的时间，哪怕为此耽误几天也是值得的，少学点知识总比所有知识都一团乱麻没法用要强。"有的家长同意了，效果也都不错；但总有家长不同意的，他们认为"再下点工夫就好了"，但不少孩子就是因为这个问题，到了高三综合复习的时候，已经根本无法掌控自己学到的知识。

再比如，兴趣，对孩子的学习和成长非常重要，但性格急躁的家长忽略最多的恰恰就是孩子的兴趣。每当他们对孩子提出了什么要求的时候，他们最关注的是"做完了没有？""做好了没有？""还有多长时间才能做完？"从来不问："你喜欢这么做吗？"

有一次，我在省城公园里碰到一个孩子在数湖里的碰碰船，半天也没数清楚。父亲骂孩子："半天连个这也数不清楚，真不知道你这两年都是怎么学的。"母亲制止了父亲的粗暴，然后直接帮孩子数了出来。事实上，父母的做法都是急躁的。孩子数碰碰船也许只是因为他喜欢这么做，未必一定要数出正确的数目。这就好像一两岁的孩子翻书一样，他们只是为了好玩，结果有的家长就认为孩子已经开始喜欢识字了，于是开始教他们认方块字。这些做法会让孩子失去兴趣。

甚至有的家长对孩子说："说了这么多，你怎么还是对数学不感兴趣？去，下午再好好想想。"兴趣是想想就能有的吗？

尤其是当孩子的状况出现变化的时候，急躁的家长绝大多数都沉不住气。比如，当孩子的学习状态不如以往的时候，当孩子的成绩有所下降的时候，当孩子犯错的时候，当孩子付出全力也解决不了某些问题的时候，性格急躁的家长就极容易做出一些不冷静不理智的事。

曾有一位家长请我给他正上高三的孩子辅导作文，第一次我到他家，先是给孩子点评了几篇他以前写的作文，点评得比较全面细致，指出的错误和漏洞也就比较多。结果坐在客厅的母亲听了半天忍不住了，走进来就开始数落："高二的学生了连错别字和病句都解决不了，比喻拟人都用不好，不知道你每天是怎么学的。还给你买了那么多的作文辅导书，白买了。"

后来，我给孩子讲解了几个作文的基本修饰方法，又让他趁热打铁写一个片段练习，正常来说，这个片段应该需要近20分钟，可还不到15分钟，母亲就又开始絮叨："这么半天了连个片段也写不完……"

我在她家两个多小时，总共给孩子辅导了不到40分钟，剩下的时间全都给这位母亲做工作了。辅导完之后，这位母亲问我估计多长时间能让孩子的作文成绩有一个比较明显的提升。我给她说了我的辅导计划，认为在师生配合比较理想的情况下大概需要80个小时左右才能取得比较扎实的效果。结果这位母亲又急了，"那怎么行呢？一个作文就得用那么多时间，其他功课怎么办？"

在宏观方面，这种情况就更严重了。我曾受朋友之托给一位高二文科学生做心理辅导，这个孩子特别自卑，因为她的学习情况一团糟：中考成绩两百多分，在高中几乎没出过全班末三名。我给孩子提出了一个建议：先从六门功课中挑出一两门作为突破口，想办法把成绩提起来，让孩子找到一点成就感。从而看到希望，增强对自己的信心，然后再逐步拓展到其他科目去；对于特别头疼的一到两门功课，可以请老师协助先把已经学过的知识点粗线条地梳理一次，做到心中有数，然后结合自己的实际情况把一些对她而言过于难的知识点删去，集中时间和精力把中低难度的知识点拿下，把总分进一步搞上去；然后再视情况确定进一步的计划。这个孩子选择了语文和历史作为最初的突破口，经过两个多月的努力，取得了相当明显的进步。这让父母似乎看到了希望，于是，父母要求孩子下一步把数学和英语搞上去，因为谁都知道这两门功课对学生成绩的影响是非常大的。可是他们忽略了一点，即便对于不错的文科生而言，这两门功课也是很让人头疼的，特别是数学，本身就是文科生的"软肋"。孩子又奋斗了半年多，没见到进一步的效果，眼看着马上要高三了，这个孩子又陷入了深深的自卑中……

在对待孩子的非智力因素方面，家长也要特别注意这一点，因为青少年的心理特征之一就是反复性特别明显。他们在情感、意志、动机、兴趣、思维、观念、行为和习惯等各个方面都能体现出明显的反复性，例如在情感、兴趣和动机方面，由于孩子身心各方面迅速成长，各种需求的日益增长，对外界事物接触的日益广泛，可能今天还非常关注甚至准备作为毕生目标的东西，睡一觉起来就觉得索然无味了。今天觉得爸爸最好，因为爸爸带自己去逛公园了；明天又觉得世上只有妈妈好，因为妈妈给自己买新衣服了；后天可能就是姥姥最好了，因为在父母一致批评自己的时候，是姥姥"挺身而出"帮自己说话。甚至到了高中都会出现许多这样的情况，文理分科之前，今天想学理科，明天又想学文科；文理分科之后，今天觉得语文数学外语重要，于是投入了三分之二以上的时间；明天又觉得其他科目重要，投入的时间又颠倒过来了。

这是因为他们的理性分析能力没有完善起来，对于自己的认识和需求都缺乏一个全面深刻的认识，容易片面、冲动、一厢情愿地下决心，因此这种决心从一开始就缺乏稳定的基础。对此，家长一般不要太多地干涉甚至强行扭转，因为这本身就是他们探索与认识世界的一个必要的过程。当他们发现了各个方面都隐藏着让自己感兴趣的东西时，他们自然会去寻找一种平衡。即便觉得孩子的这种不稳定性偏离了正常的范畴，也要从正面逐步引导，最有效的方法就是帮助他找到新的兴趣和趣味，让他明白原来自己对某样事物的冷淡并不是因为这个事物本身没有什么意思，而是自己没有深入挖掘其中的趣味，这样他就能很顺利地矫正这种摇摆。

一个学生谈起他当年经历这个过程的时候，对他的母亲充满了感激，因为他曾经问自己的母亲："老师说有志者立长志，无志者长立志，我经常摇摆不定，将来会有出息吗？"他母亲的回答是："你还小，哪个孩子小时候没有出现过这种情况？而且你现在意识到这一点，这就说明你已经开始成熟了，这就是扭转这种情况的前提啊。爸爸妈妈很理解你，也很关注你，比如说，去年的时候，你一天之中就可能摇摆好几次，上午信心满满，中午吃顿饭就又沮丧了，晚上下学回来又充满了信心，可你今年几乎已经不出现这种情况了，变成了一天和另一天情绪不同。这不就是一个明显的进步？所以我们相信你。当然，如果你想更明显地进步，你可以列个表，把自己摇摆不定的各个方面都仔细地写出来，然后明确地对自己提出要求，让自己一天比一天强，一年比一年好。我们也会一直关注你监督你提醒你，可我们不会过分地强制你。"

建议：

①急躁是不能解决任何问题的，家长一定要认识到它的危害，让自己的步调慢下来，情绪稳定下来，千万别用自己的情况和标准来衡量孩子，把孩子拖垮了。

②多了解一些教育学和心理学知识，根据孩子的实际情况实事求是地进行分析，提出要求。了解对于这个年龄段的孩子，对于自己孩子的具体情况而言，什么问题是正常的，什么问题是需要关注和矫正的；什么样的要求孩子是应该做到的，什么样的要求是超出孩子能力范围的。

③多了解孩子正在接触的事物，当孩子对某样事物感兴趣时，适当地点出它枯燥的方面，让孩子有些心理准备；当孩子对某样事物不感兴趣时，帮助孩子发现其中的乐趣。

④孩子心态稳定意志坚定时，鼓励和帮助孩子把这种状态尽量长时间地保持下去；孩子心态不稳定意志消极时，帮助孩子分析原因，找到克服问题的具体办法——最好能细化到具体环节上，并从感情上给予他足够的支持。

⑤孩子的行为习惯出现反复甚至退步的时候，不要急着责备他，也不要笼统地要求他，在与他沟通协商的前提下一条条一件件地提出量化的要求，并制定阶梯式的时间表。持续地关注他监督他提醒他，必要的时候可以采取一定的强制措施，但要先把道理给他讲清楚，一定不要习惯性地粗暴对待。当然，我不是说硬性的强制和惩罚不可以用，但那是惩前毖后的一种极端方式，不要作为家长表达自己想法发泄自己情绪的手段。

⑥根据孩子的成长情况绘制出他各方面的变化趋势图，用直观的方式让孩子认识自己在一个比较长的时间段里的变化趋势，这对他是一种很有效的提示和激励。

如果急躁的性格是出现在孩子的身上，而父母的性格中急躁成分不大，那解决起来相对要容易一些，不过时间要长一些。首先，父母要尽量营造一种温馨和谐的氛围，多让孩子听听音乐，特别是中国古典音乐和西方的乡村音乐，多带孩子参加一些文艺娱乐活动，有条件的话可以让孩子练书法、瑜伽和太极拳，从修养和气质上消除急躁的性格。

其次，帮助孩子分析他所面对和追求的事物的特性，让孩子意识到过程中可能出现的困难，事先储备好足够的耐心。

第三，帮孩子分析追求和奋斗的动机与结果，明白它多大程度上值得追求与奋斗，成功了会怎么样，失败了会怎么样，当孩子意识到某些事物即便在某种程度上没有达到自己的标准时，也不见得会有原则性的影响，他就不会再急躁。

第四，对于必须达成的重大目标，可以帮孩子制定客观合理的步骤，尽量把大目标分解成若干个小目标，越小越好，这样就可以在很大程度上削减孩子的急躁，因为大多数的急躁都是因为目标难以达成甚至看不到希望而产生的。

最后，当孩子出现急躁情绪的时候，不仅可以通过温和的方式舒缓，也可以通过一些比较激烈的方式让孩子发泄一下，情绪宣泄出去，他自然就会冷静下来。至于宣泄的方式，那就更多了，可以去跳街舞、长跑、游泳、滑雪甚至蹦极；可以放歌一曲，可以到空旷处，最好是在原野里放声大呼；可以让孩子尽情地哭出来，告诉他哭吧，这不是罪；可以砸点什么东西，撕点什么东西，但是要注意安全；甚至可以创设一定的情境让他跟你吵一吵闹一闹，这本身就是造物主赋予人的一种情绪宣泄方式，可你不能跟他真吵，因为你还要控制吵闹的节奏和程度，知道什么时候该用什么方式结束这种宣泄。

3 孩子就如司机手里的方向盘，怎么转要看家长的引导

　　我在前面强调了教育一定要顺应孩子的性格才能事半功倍，但任何一种性格都存在缺陷，其中有些缺陷是父母非常不愿意见到的。比如弱势性格的孩子经常懦弱自卑，依赖性太强；强势性格的孩子又容易急躁发火，不能冷静等。所以父母要经常想着改变与完善孩子的性格。教育的目的之一也就是完善孩子的性格，尽量引导塑造，让孩子拥有一个比较理想的性格。

　　我想说的是，改变和完善是需要的，但这也必须以顺应孩子的原有性格为基础，千万不要强行扭转，这就好像治水一样，堵不如疏、疏不如导，因势利导才能收到理想的效果。

　　经常听到父母埋怨孩子："你这个性格什么时候能改一改。"要知道，改变性格比改正具体的错误更难，它是所有缺陷中最难改变的一个。现代科学证实了性格在很大程度上受到基因的影响和控制，这也就是为什么很多人一生都难以改变自己性格的原因。如果我们了解了这些，就会明白性格的改变是一件多么困难的事情，不要期望孩子自己在短时间内完成。而且，对于一般人而言，完善他的性格是完全有可能的，但要改变一个人的性格，除非让他经历一些难以承受的事情，把他的性格破碎以后重塑，或者让他经受严格的训练，否

则基本没有可能。更重要的是，完全没有必要。

所以我们首先要区别这样两个概念：改变与完善。只要尽量弥补孩子性格方面的缺陷就可以了，完全没有改变的必要。

至于如何完善孩子的性格，我在上面的例子和分析中已经涉及了很多，这里只想强调两点：一点是一定要确定孩子性格中究竟哪些方面是好的，哪些方面是真的需要完善的；二是究竟要完善到一个什么样的程度。对这两个问题最好有比较明确的想法，否则容易适得其反。

比如有一次我在火车上碰到一对父子，父亲为了改变儿子内向懦弱的性格，带孩子去看斗鸡比赛，希望由此让孩子明白：人生的竞争和斗鸡一样，不想输，不想被别人吃掉，就得攻击你的对手。"

我觉得这就有些过了。勇气不等于攻击性，只要想办法提高他的勇气，让他敢于面对生命中必须面对的一些事情就足够了，何必搞得那么剑拔弩张的。我把这个意思说出来与他探讨，我说："你是成功者，我向你请教，你做生意是合作的时候多还是攻击吞并对方的时候多？做生意的起码前提就是合作吧，光想着吞掉对方，恐怕这个生意也不太好做。当然，我们并不否认商场如战场，可一开始就让孩子从心底里觉得商场就是你死我活的地方，那恐怕将来他找个合作方都不容易吧。"

这位父亲也真不愧为商界的佼佼者，他略加反思就坦率地承认了自己的错误："你说得对，现在想想，我刚创业的那几年，白手起家，如果没有朋友们的帮衬，哪有现在的摊子。这几年竞争激烈了，难免有些上火，看问题极端了。仔细想想，很多国际大企业都很强调团队合作精神，是我忽略了。这样，我们下一站就改票，我带他去那些企业里走走，听听他们培训员工的讲座。"

这位父亲让我由衷地钦佩，我说："其实，他有你这么一位父亲本身就已经是很大的一笔财富了。当然，我不是说你有多少家业可以给他，而是说你的这种自我反思和改正精神。你想，如果你能把这种反思和改正精神传承给他，那他自然会逐渐发现自己性格上存在的问题，然后自我矫正。"

我向一位教育界的前辈请教改变孩子性格的问题时，这位前辈曾经深有感触地对我谈起一件事情：

一对父母带着孩子来向这位前辈请教的时候说，他们的女儿小时候像男孩子一样，风风火火的。父母认为女孩子不应该是这种性格，于是连骂带打地用了两年多的时间，让女儿变得文文静静起来。可后来又发现女儿不是变得文静了，是变得怯懦了，碰上什么事情，本来该开口的时候也不敢说话了。父母觉得这样也不好，没出息，又明明白白地告诉女儿："你得像从前那样，免得受人欺负。"以后，这对父母又开始纵容女儿。结果当然是不尽如人意的。所以这对父母向这位前辈请教，说："真不知道该怎么办了。"

前辈谈到这件事的时候对我说："要不一点也不管，要不就是强管；不懂得把握分寸，这是他们最失败的地方。孩子的性格不是司机手里的方向盘，你想怎么转就怎么转，要考虑到孩子自身的情况和周围的环境；可从另一方面来说，孩子的性格又像司机手里的方向盘，父母要时刻把握着正确的方向，不断调整，不能一把转到底就没事了。"

另外，性格是一个非常复杂的东西，我们成年人都未必能明确地了解它，更何况是孩子，如果我们笼统地告诉他们："你这个性格不好，要改。"即便我们的判断和建议是正确的，孩子们也很有可能觉得束手无策。因此，想要完善孩子的性格，在正确分析与判断的基础上，要想办法把这个想法落实到具体的事情上，一件事一件事地来，经过一个比较长的时间使孩子习惯成自然，从而达到完善孩子性格的目的。

这绝对不是一件简单的事情，我个人就深有体会。我在大学里做家教的时候曾经帮一个孩子完善他过分火暴的性格，他属于作业不会做就要扔掉文具的那种人。一开始除了强调平常的修身养性，还专门叮嘱他："当你觉得自己要发火的时候，首先强迫自己冷静三分钟，这三分钟你先做点别的，做什么都行，就是别想这个事情。"他也表示接受，结果我们发现，当他的火暴脾气上来的时候，根本就意识不到还有这么一个嘱咐。

接受孩子的差异性，让他们循着自己的个性发展

后来，我们用了一个笨办法：把他最可能碰到的事情都列了出来，设想每件事情可能出现的各种情况，在容易导致他发火的事项上一一分析，想出克制的办法。但是很快就发现，这样效果也不太好，因为他可能接触到的方面太多了，原来我们以为各种可能性已经设想得差不多了，但第二天就碰上个让我们怎么也想不到的事情。

他骑自行车的时候和别人撞了一下，我们曾设想过这种情况，觉得最糟糕的可能性也就是对方在应负主要责任的情况下倒打一耙，我们也为此想好了克制情绪和解决问题的对策。而事实上当时双方都非常理性，两人客客气气地相互道歉并表示谅解。可以看出，他已经开始完善自己的性格了。没想到就在这个时候出现了一个戏剧性的插曲，他没想到自己的车链也断了，正为自己成功克制了一次冲动高兴时，一脚蹬空摔了个嘴啃泥，惹得周围的人一阵哄笑。这次他火大了，爬起来把自己的自行车给"收拾"了一顿。

我们事后反省，光靠事先的设想和准备不行，因为可能出现的情况和变数太多了，还是得从根本上着手。我们一方面通过这件事肯定他已经有所进步，另一方面特别强调碰上突发情况的时候心里一定要有个谱，以冷静为第一要素，为了保证他不因为冲动而忘记这一条，我和他的父母在他不知情的情况下创设了很多情境考验他，磨炼他的性格，每件事情都和他进行总结分析。这样过了两个多月，他说："行了，我已经习惯了，现在即便真的碰上什么以前会发火的事情，我也不当回事了。"果然，他的这种性格得到了不错的完善。

基于这类事情的经验，我总结出几条想法与大家共享：

①要认真了解孩子的性格特征，除了通过孩子的行为习惯和旁人的评价来了解，也可以创设一些情境进行试探，尽量准确地了解其性格的强项、缺陷及其临界值。

②基于上述情况认真分析，明确到底需要完善孩子性格的哪些方面，要完善到什么程度。在这一点上建议家长多阅读一些比较专业的资料，有条件的话向专家请教一下。

③不要提出笼统的要求，要尽量细化，特别是对于孩子最有可能碰上的一些事情，可以事先设想得周全一些，把各种可能的情况和给孩子的建议都比较详细地列举出来。即便是对于不大可能出现的情况，也想办法分类归结一下。

④通过一些典型的事情与孩子进行分析讨论，让孩子明白自己的应对有哪些是正确的，哪些是需要改进的，从而通过实际行动意识到完善性格的方法。这样可以把抽象的性格完善具体化，简明易行。

⑤一定要考虑到孩子的年龄段和生活环境的影响，要有足够的耐心，切不可操之过急。

8
PART

五种"问题"孩子的
应对方法

1 只看到孩子的问题，看不到优点才是大问题

所谓的"问题"是相对而言的，这是我想首先强调的。因为他们毕竟是孩子，在成长的过程中出现这样那样的问题是很正常的；而且任何教育方法都不可能完全正确，所以我们不要看到孩子有问题就觉得好像碰到洪水猛兽一样，深恶痛绝。更不要拿这个说事，时刻在孩子面前唠叨。事物都是有正反两面的，他们的"问题"背后就隐藏着一些难能可贵的优点，不要忽视这些优点，更不要因为他们有"问题"就连这些优点也一起否定掉。

比如放纵型的孩子一般都比较胆大，碰到事情有自己的想法并且敢于落实这种想法，这在自卑型的孩子身上就很难看到；偏执型的孩子虽然可能是最让人头疼的一种类型了吧，也要注意，他们的偏激是对任何事情都很偏激的，如果能引导他们瞄准一个正确的目标，那他们同样会一往无前；自卑和自闭型的孩子往往循规蹈矩，光是这一点已经让某些放纵偏执型孩子的家长喜欢得不得了。

有一次开家长会，家长和老师分组交流的时候，就出现了这样一个很有趣的情况，我周围十几个家长一边对我列举着自己孩子的问题，唯恐落下一点；一边又不断对其他父母说："你那孩子就很不错了，还要怎么样，我要有那样的孩子就高兴了。"

我和家长们讨论："孩子怎么可能完全没有问题？既然能看到其他孩子的强项，那就想想自己的孩子是不是也有强项，何必把自己跟孩子都搞得一副苦大仇深的样子。其实孩子的问题再大也是小问题。看不到孩子的问题，纵容孩子的问题，满眼都是孩子的问题而看不到优点，这三个问题才是大问题。打个比方，孩子和父母的关系就像花草和园丁的关系。你不能看到他有问题不管，也不能因为他有问题就把他给彻底否定了。哪棵花哪棵树没点枯枝烂叶，你要因为这就把它们给否了，那不是园丁，那是沙漠制造者了。"

有这样一个故事：一位老母亲有两个儿子，大儿子卖扇，小儿子卖伞。晴天的时候，人们碰到老太太闷闷不乐，问她为什么，她说："我小儿子的伞卖不掉了。"阴天的时候老太太还是闷闷不乐，人们问她为什么，她又说："我大儿子的扇卖不掉了。"人们建议她："你为什么不倒过来想想。晴天的时候想你大儿子的扇子能卖掉，阴天的时候想你小儿子的伞能卖掉。"老太太这么想着，果然快乐起来了。

可以说，在几乎所有"问题"孩子的家里，我们都很难感受到那种真正的快乐和谐的氛围。实际上，这种氛围和环境也在倒过来影响着孩子，甚至有些问题本身就是由这种氛围和环境造成的或者强化的。比如家庭氛围过于宽松容易导致孩子放纵或者自满，而家庭氛围过于紧张就可能让孩子自卑或者自闭。

当然，也有另一种偏差，那就是对孩子的问题太不当回事，或者舍不得管，或者顾不上管，或者觉得毕竟是孩子嘛，长大就好了。这种做法的弊端是显而易见的。在我们开始这一章时我首先想提醒家长们注意的就是正视但不要放大孩子的"问题"。

2 常见问题的成因与对策

最常见的几种"问题"孩子大致有这样几种：放纵型、偏执型、自卑型、孤僻型、自满型。

（1）放纵型孩子：温和和关爱配合坚定

放纵型孩子最大的问题就是缺少自律，而且对外在的约束和规则也往往不屑一顾。顾名思义，其中最主要的一个原因就是家长的放纵。

随着教育知识的普及，越来越多的家长注意到了一般性放纵的危害，并开始有意识地避免，但有一些比较隐蔽的放纵很容易被忽略，我想强调一下。

比如，现在的商业广告铺天盖地，而其中有许多是专门针对孩子的。有一位经商者，他五次改变经营地点和商品，都是针对孩子们的。第一次是在小学门口摆摊卖玩具和零食，第二次是在中学门口开快餐店，第三次是在某所大学里专门卖化妆品，第四次是到了省城一所中学附近开书店，最近一次又转行卖儿童服装。他说："孩子们的钱最好赚。"因为最经不起诱惑的就是孩子。他说："我卖零食和玩具的时候，看到孩子过来就吆喝：小朋友快看，这个XXX你同学们都买了。开快餐店的时候随便挂个牌子说是韩国美国的最新流行食品，一下学孩子们就都跑过来了，一两块钱成本的东西能卖十几块钱，忙都忙不过来。"

我和学生们讨论过，不少学生承认出于追求时髦、新奇和攀比虚荣的心理，经常会有一些并没有太多实际价值的消费行为。而当他们向家长提出这一类要求的时候，家长一般也不会拒绝。我请学生去调查家长不拒绝的原因，归结起来大致有如下几条：自己小时候过得很苦，想买点什么东西却没那条件，有的甚至落下了心病，现在条件好了，舍不得让孩子再受这个委屈；孩子想买东西是很正常的，只要不是太出格的太影响学习的，没必要拒绝；怕孩子在同学面前太寒酸，"跌份"；担心在这方面卡得太紧，影响亲子关系，甚至影响孩子的积极性，物质方面的满足也是一种激励；最担心的是与学习沾点边的东西，如果不买，会影响孩子的成长与发展。

从感情上来讲，以上这些原因很容易理解，但如果我们冷静地分析一下就会发现，无论这些原因看起来多么站得住脚，都不利于孩子的发展，或多或少地会对孩子造成一定的负面影响。

在讨论过程中，我的一个学生就深有感触地举了一个例子：

一个孩子从小专注于学习，需要什么东西都是让父母买，也就是说这个孩子基本上没有真正意义上的购买经历。父母为了培养孩子，给孩子买东西都是尽量买最好的。后来孩子上了大学，不仅原来让父母买的东西要自己去买，许多没想到的东西现在也必须买。他也曾问父母该如何去淘东西讨价还价，但父母觉得用不着为这些鸡毛蒜皮的东西影响学习，基本是一句话搞定："买好的，别怕贵。"结果一个学期下来，父母惊讶地发现孩子居然比其他同学多花了将近两万，孩子还觉得手头太紧。

我的学生们讨论分析了这个情况，如果这样发展下去，他就业之后，即便按照每月八千到一万的工资收入，不买房子不买车，也很可能成为"月光族"。如果他能有百万年薪呢？"那也一样，不在于收入的多少，而在于是否会理财，如果不能科学地使用，年薪几万和几百万没什么两样，都经不起折腾。他最终只能成为促进GDP增长的一部机器，无论赚来多少钱也不会把这些钱变成自己的幸福。"这是同学们讨论之后得出的结论之一。

我的学生们在对这个问题做总结发言的时候说："现在很多青年成为'月光族'，一方面确实是由于生存的压力，但更重要的是因为他们不善于理财。一边无意识地挥霍着，一边又抱怨手头太紧。如果能把这些钱节省下来去投资，用钱生钱，那就不必担心手里没钱了。这不仅仅是一种习惯，更是一种必须具备的生活理念和生存素质。"然后，他们倡议大家尝试一下，看把零花钱压缩到以前的一半，是否也能保证生活质量不下降，甚至变得更好。比如，他们引进时下流行的"拼东西"的概念，拼书、拼衣服、拼饭，甚至学习国外"时间银行"的做法，比如某同学这几天学习比较忙，同学们就帮他把生活和值日方面的事多做一些，让他有更充分的时间调整状态和学习。等他状态好转，效率提高了，就帮其他同学多做些事，让其他状态不佳的同学有充分的时间。在此基础上他们提出一个口号："让每个同学都分享到你的优点，你也能享受到每个同学的优点。"

有不少家长觉得孩子在求学的阶段没必要为这个问题分心，只要孩子努力学习，"再穷不能穷了孩子，再苦不能苦了孩子"。这种想法看似理由充足，实际上也是一种放纵，至少会使孩子失去必要的理财能力。

可见，任何方面任何理由的放纵都会对孩子的未来产生负面的影响。

请家长朋友们注意，没有必要因为孩子忙于某一方面的事情，比如学习，就放纵他不去做其余应该做的事情。我多次说过"学习固然要抓紧，但并不意味着我们要代办孩子的其他事情，让他去做家务，去做他们应该做的所有事。这不只是习惯好不好的问题，是能否做一个完整的人的问题，欲做学问先做人，人做好了不发愁做不好学问。"

可是，比起响应"不留一丝余力地学习"的家长来，能落实这些建议的家长太少了。

其实这还不是最大的问题，最大的问题是很多家长在相当长的时间里感觉不到自己在放纵孩子，这就错过了最佳的矫正时间，到发现孩子有些过分的时候，已经不太好处理了。原因主要有三个方面：一是孩子会抵制反抗；二是孩子短时间里也确实很难改正过来；三是父母自己也习惯了对孩子的这种放纵，往往下不了决心纠正。而这些原因反过来又加深了对孩子的放纵，终于弄得不可收拾。

关于这几个问题，家长朋友们已经开始越来越关注了，所以我不再赘述，只提醒大家一些具体的注意事项：

①当你分析孩子的某个行为习惯是否应该被制止时，不要只从眼下看，要着眼于长远。有些事情现在看问题不大，从长远看就不一样了。比如，假期里老同学聚聚吃顿饭去什么地方玩玩，这看起来也是很正常的。但这样下去，请客吃饭玩乐的理由会越来越多，如果我们仔细计算一下，会发现消耗在这方面的时间多得惊人。我们不是要让孩子两耳不闻窗外事，一心只读圣贤书，也不是要让孩子孤傲，但也不能让孩子们把太多的时间消耗在应酬上。比如，聚餐可以，但聚餐以后的活动项目就要限定时间了。要知道，这绝不仅仅是一个是否努力学习的问题，而是孩子是否能学会珍惜时间，合理安排利用时间的问题。

②当你确定应当拒绝孩子的要求或者制止孩子的某种行为时，要说出来，要做出来，不要拖延犹豫，不要觉得于心不忍。放纵往往就是在父母一次次的拖延犹豫和于心不忍中形成的。

③拒绝制止孩子的时候，态度要一贯而坚决，不要和孩子像做生意一样讨价还价。有的父母喜欢和孩子"做生意"——如果你能达到我的要求，我就同意你这么做；如果不能达到我的要求，你就不可以这么做。

这个习惯其实是非常不合适的。一来如果一件事情真的介于可做可不做之间，那家长就未必要管得那么坚决，小事情管得多了不仅减少了孩子自我反思磨炼的机会，有时候还会让孩子无所适从，而且孩子会觉得你是在试图完全操纵他，对你心生反感，那你在原则性的问题上提出意见时就不一定有效果了，因为他已经"皮"了。二来孩子一旦形成讨价还价的习惯，他会在任何事情上都和你讨价还价，到时候你只能穷于应付。这实际上也是在纵容孩子。

④态度当然要坚决，但方式一定不要粗暴。放纵的孩子多数是因为父母管教不严，但不少经常被严厉批评甚至体罚的孩子最后也成为放纵型的孩子，这是值得我们深思的。有的父母打骂完之后还是按照孩子的要求做了，这实际上不是在管教孩子，是在发泄自己的怒火；有的父母三天一小骂，五天一大打，随着时间的流逝，孩子累了，自己也累了，索性由他去吧。用温和和关爱配合坚定，让孩子明白父母真的是为了自己的良性发展才这么做，这样才能得到孩子的理解和配合。

有一次我在朋友的宴会上碰到一位家长，他是位监狱工作人员，谈起教育来深有感触，他的话让我印象深刻。他说："以前管教我儿子比管教犯人都狠得多，对犯人咱从来没动过手，我那小子只要犯一点小错误我就狠狠地打，身边有什么操起来就打，有一两次把胳膊粗的PVC管子都打折了，就怕他将来也被关进去，可不管用。一开始是越打越捣蛋，后来竟然跟我还手了。我也就寒心了，觉得由他去吧，咱尽心了别落个埋怨就行了。这些年国家一直在强调文明执法，人性化管理，我们也接受了很多这样的培训，确实在很大程度上改变了我们和服刑人员的关系。我就想，这样的做法是不是对自己孩子也管用呢？结果试了试还真灵，认真地和他把问题谈清楚，让他做什么他也就做了，不让他做什么他也不做了。"

⑤父母是孩子最好的榜样，要想孩子不放纵，首先自己不要放纵。有的父母常常告诫孩子："照我的话去做，不过不要学我。"其实越这么说越说明了父母在教育问题上的无奈。

（2）偏执型孩子：培养孩子的理性思维，善加引导

这是家长和老师们相当头疼的一种类型，正如一位家长说的："你说东他偏说西，你让他往南他非要往北，希望他相信什么他偏不信什么，告诉他这么想他偏要那么想，反正就是不和你打一套拳。"

偏执型的情况分为两种：一种是先天性的性格偏执，一种是后天形成的极端思维。但无论是哪种情况，父母都要注意，对待这样的孩子，冷静、耐心、引导、交流、宽容都是最重要的。

家长首先要做的是让自己冷静下来，仔细分析一下，孩子是否真的属于偏执型。因为现在的很多孩子，小时候因为家长娇惯，长大了因为青春期，多多少少都会存在一点偏激的想法，这并不等于真的偏执。如果草草地给孩子扣上一顶偏执的帽子，不但对教育孩子没好处，而且很容易导致家长自己也难以冷静。就家长的心理而言，如果你只是觉得孩子在这件事情上有点偏激，那多数家长都能冷静地教育和帮助孩子；如果家长觉得这个孩子遇事一向偏激，那就很有可能会产生一定的负面情绪，从而影响对孩子的教育。

我的一位朋友，孩子上初中了还喜欢用铅笔，这个习惯在老师看来很不合适。首先是铅笔字时间长了会变得模糊，不利于保存作业和笔记；这样的作业本在学习成果展示的时候也比较"显眼"，似乎不是那么整齐划一，尤其是考试阅卷的时候，一眼就能认出这个孩子的卷子。所以老师多次和这个孩子谈话，希望他改掉这个习惯，但孩子执意不改，老师也很无奈，希望家长配合一下。我这朋友一开始觉得很容易，满口答应，可无论他怎么说孩子都不改，孩子说自己喜欢用铅笔。几个月下来，朋友实在沉不住气了，第一次把孩子狠狠训了一通，然后打电话问我该怎么办。他还非常担心："刚上初中就这么执拗，将来怎么办？"

我告诉朋友，这个问题并不像表面上看起来那么简单。首先，无论中考还是高考，除了绘图，都是不允许用铅笔的，所以应该改。但在平常的学习中，孩子喜欢用什么笔那是个人的爱好，为什么一定要让孩子改得那么彻底呢？如果孩子喜欢用铅笔是执拗，那我们喜欢用中性笔是不是执拗呢？至于老师谈到的其他方面，不是只有这一种方法解决。初中的笔记需要长期保留的并不多，而且顶多保留三年也就行了。有少数需要长期保留的，帮他复印一下也就行了，何必为了这个搞得火冒三丈。我对朋友说："你不觉得将来无论孩子能否改得了这个毛病，若干年后当孩子翻开现在的笔记，看着那些逐渐模糊的字迹，就像岁月和人生一样渐渐淡去，也是一种别样的美妙吗？"

孩子经常会执拗于某件事情，说："不，我就要这么做。"这其实是在很正常地表达自己的观点，我们不妨反过来想一想，如果我们说什么孩子就听什么，那恐怕也不是好事情，那就得担心一下这个孩子将来是不是会很没有主见。

如果确定孩子存在比较严重的偏执情形，那就看看他到底是先天的性格偏执还是后天的思想偏激。

如果是先天的性格问题，家长朋友可以结合自己的性格和孩子的性格，寻找一个最佳的结合点，帮助孩子逐渐改正。我这里只针对性地补充两点：

一是对于这一类孩子，家长一定要从小培养孩子的理性思维，善加引导，这是治本的办法。只要孩子养成冷静理性的习惯，那即便他思维中出现一些偏激，也不会在实际中产生太大的副作用。比如，我和学生开班会讨论早恋的问题时，我的一个学生就曾经说过："我知道早恋很不好也很不应该，但我就是觉得早恋没有什么不对。"我问他："既然不好，怎么能说没有什么不对？"他说："我不知道，反正我就是这么想的，我就觉得早恋挺好的。"我又问他："那你会早恋吗？"他说："肯定不会，怎么想是一码事，怎么做又是一码事。我个人感觉这事挺好的，可我也知道实际上这事不好。我没必要强迫自己一定要改变自己的感觉，可我也肯定不会因为感觉对就去做。"我对这个孩子的情况产生了浓厚的兴趣，请他详细谈谈自己的这个特点，他说："我从小就是这样，很多事情本来是不好的，可我就是感觉很好。比如我很喜欢闻汽车尾气的味道，就觉得那有一种特别的香味。妈妈说了我多少次也改不了，后来我爸妈给我讲了它的危害，我就不专门去闻了，但到现在偶尔闻到还是觉得很好闻。好多事情我的想法都和人们不一样，小时候经常因为这个和人吵，人们都说我倔，可我明明就是那么想的，他们说服不了我。但爸爸妈妈从来不责备我，总是给我把道理讲清楚。他们经常对我说'爸爸妈妈不会强迫你改变自己的想法，但你是大孩子了，应该知道有些事情是不能做的，不管你怎么想，不要去做'。后来我就习惯了，怎么想是我的事，但我不会只凭自己的感觉就去做。我和父母都担心过，这个毛病会不会影响学习，可后来发现根本没事。老师讲的很多东西我感觉都有问题，可我也知道实际上没问题，所以我一边感觉不对，一边还是会认真地学。"必须承认，这是一则非常成功的家庭教育案例，如果他的家长想要改变孩子的这种感觉，反而会收到相反的效果，他们就找到了这个最合适的标准。

二是对孩子的偏执要有足够的耐心，要宽容，要等待，不要让孩子感觉到"我就是偏激，我就是有问题，我就是和别人不走一个路子"。那样很可能会加剧他们的偏激，甚至使他们"破罐子破摔"。我曾经听一个孩子对自己的父亲说："我就是觉得学习没用，就是不想学，你有本事别要我。"真成了那样，家长们又能如何呢？

有一位我非常尊敬的前辈，他的孩子从小不喜欢学习，上小学的时候就开始逃课。但是，这位前辈并没有因此责备孩子，而是对自己的孩子说："孩子，爸爸知道你这样是因为你觉得学习没用，并不是故意这么做。从这一点上来说，你还是个好孩子。你觉得学习没用，说明你还是对自己负责的，是想做有用的事，但是爸爸也希望你思考一下，就算学习没什么用，你现在又能做什么呢？首先年龄就是一个迈不过去的坎，你就是想去做点什么，人家也不敢雇用童工不是？天天待在家里睡懒觉看电视那肯定是比学习更没用吧。所以既然你现在什么都不适合做，那就先去学习，等你找到了更有用的事以后再去做，好吗？"

到孩子上了初中的时候，想法多了，比如去当学徒、做生意、搞美术、踢足球，并且希望停止学业全力做这些事情。这位前辈一方面在孩子的课余时间尽力满足他的要求，带他去不断地体验这些事情，而且引导孩子去深入认识，要想做好这些事情，扎实的文化基础是必需的。这位前辈对孩子说："文盲可以做建筑工，但永远成不了建筑师；可以成为一个球员，但永远也成不了绿茵场上的大师，因为你对足球缺少广博而精深的专业认识。"另一方面，鉴于孩子在初中阶段对权利和义务的关系已经有了比较清晰的认识，他进一步对孩子说："选择人生道路那是你自己的权利，但接受教育可不仅仅是你的权利，也是你应尽的义务。你不能说作为一个孩子，作为一个公民，对家庭对国家尽义务是你没用的吧。"

上大学的时候，这孩子不知道怎么又想辍学去做职业围棋手，这位前辈直接引用了围棋界两位权威的话。棋圣聂卫平说："有人说我们的棋手在关键时候老是差口气，原因何在？我认为，是我们的年轻棋手文化素质不高。关键时刻顶不住，常常被认为是心理素质不行。但心理素质主要是建立在一定的文化程度之上，没有文化素质，何谈心理素质。"围棋协会主席陈祖德也曾说过，"很多小孩为下围棋而放弃学业，令人担忧，这是一种对围棋的'异化'。要想成为一流的棋手，光靠下棋是绝对不行的。一个没有文化的棋手，尽管可能取得一定的成绩，但将来终究会停止不前，为什么？文化不够，棋手的境界也肯定上不去。"父亲用大量的事实和各领域前辈的感悟把这一问题推广开来，终于让孩子逐渐明白了学习绝不是没用的，学不好文化知识，整体素养上不去，什么事都做不好。到了工作以后，当他感受到公司专业培训的重要性时，就彻底明白了自己当初的想法是多么错误。

在这里我想提醒读者们注意的是，他当初的错误想法可是持续了十几年的，而且正是学习最重要的十几年，如果不是他的父亲持之以恒地呵护引导他，无法想象他会走多大的弯路。

如果是后天的思想偏执，希望家长朋友们首先反思一下，自己在这个问题上是否负有一定的责任。因为最有可能影响孩子的人就是家长。

有位家长带孩子来找我，说孩子怎么想就怎么做，老师和家长说的话从来不听，结果孩子反口一句话就把这位家长给"噎"住了："你不是经常说人怎么想就怎么做，总听别人的永远是跟屁虫，什么事情都做不成吗？"这位家长愣了好半天才说："我那是说我做生意，这和学习一样吗？"孩子又说："你天天念叨的可是什么事情都做不成，不是生意做不成。再说，就按你说的，我学习不行，不听老师的，那我将来去做生意不就行了吗？还有，你们总部让你去参加培训的时候，你不是说书上的东西没用，所以不去吗？"这位家长顿时就火了："跟你说了多少东西你不听，我随口说一句你就记住了。"我赶紧把这位家长劝开，问孩子是否真是那样。孩子说："他是这么说的，而且实际情况也是那样，他现在一个月就能赚十几万，他手下那些大学生一个月也就是四五千块钱。"

我问孩子："那你有没有想过，那些精通工商管理和金融财会的人能赚多少，那个公司的老总是不是也是我行我素，开会的时候只布置任务，从来不听取下属的意见。"孩子不说话了，我说："让你父亲抽时间带你去实际看看，我们再谈，而且我觉得到时候你自己就应该能想通了。"但是，我也私下里跟这位家长通了气：虽然孩子的思想有所改变了，但多少年来父亲的话对他的影响绝不是几句话或者几天时间就能解决的，希望家长在这方面也有所改变。

偏执的人往往不喜欢反思自己，也听不进别人的意见。这一条很可能就是打小从父母那里"学"来的。我见过一个在这方面很特别的学生，他有时候非常偏激，有时候又非常理性，我觉得很奇怪，就和他详细地谈了谈，才知道他在家里对父亲和母亲的态度就截然相反：母亲说什么他偏偏不做什么，而父亲怎么说他就怎么做。我问他原因，他说："我妈就是那样，犯了错误总是指责别人，有一次她打扫卫生不小心把花瓶碰到地上摔了，她就埋怨我没把花瓶往里挪一挪，可那个花瓶一直就是放在那里的。我爸就不一样，有了问题总是先检讨自己的错误。我和他们相处久了，好像也学到了他们的特点，和我妈打交道的时候总是不由自主地把责任往外推，和我爸打交道的时候就总是先检点自己。我也不是故意分得这么清楚。所以我在学校也是这样，你说我理性的时候，肯定是我爸爸在家的时候。你说我偏激的时候，十有八九是我妈在家照顾我。"

其实后天思想偏执的人相对要好教育一些，因为他们偏执往往是心里"打了结"，只要问清楚，晓之以理动之以情把这个结解开，问题自然也就解决了。

最后我想强调的是，无论孩子的偏执是先天的还是后天的，无论问题解决到什么程度，千万不要不耐烦，甚至动粗，这种做法对偏执的孩子而言无异于火上浇油。

（3）自卑型孩子：用关爱给予他们信心

①自卑的危害

心理学家阿德勒认为，每个人都有先天的生理或心理欠缺，这就决定了每个人的潜意识中都存在自卑感。如果处理不好会演化成各种各样的心理障碍或心理疾病。就孩子而言，即便问题不是这么严重，也会对孩子的学习和生活产生很大的影响，例如孤僻、过度敏感；恐惧、意志薄弱、抗压能力和抗打击能力弱，甚至发展到自闭、自伤和自杀；从学习上来说信心不足，甚至厌学、逃学或者考试怯场。

部分自卑的孩子会走向人生的反面：自由散漫、不思进取、撒谎、任性。甚至有一部分孩子的逆反、偏激、脾气暴躁和好勇斗狠的问题，也是由于心理自卑引发的"破罐子破摔"。

　　根据我观察和搜集到的资料显示，在高中，将近70%的"问题学生"在学习上都有比较严重的自卑心理，他们觉得自己的学习实在差劲，而且将来也肯定没希望迎头赶上，所以才选择了逃避甚至逆反。

　　这是一个我们必须面对的问题，在孩子的成长过程中，必然存在一个相互比较的问题，家长和老师会对孩子们进行比较，孩子自己也会与别人比较。但孩子毕竟是孩子，他们还没有完善的心理调控能力，对很多问题也缺乏系统深刻的认识，所以经常会产生自卑心理，特别是许多方面经常处于劣势的孩子。这种心理如果长期存在甚至积累下去，对孩子将是有百害而无一益。

　　为了直观地表现这个问题的危害，我把和一位学生的部分谈话的记录呈现出来：

　　"你这么文静的一个女孩子，这次为什么和同学们吵架，还差点动了手？"

　　"我问她一道题，她说'你连个这也弄不明白呀'。"

　　"虽然这句话不是很合适，可也就是同学之间随口一说呀。"

　　"不知道为什么，我一听到这句话就怕。我就是因为这个才和她吵起来的。我从小就不自信，总觉得自己做什么都不行，慢慢地就成了什么事情都害怕。听人们说到困难呀不行呀什么的，就算和自己一点关系都没有也还是害怕，有时候是觉得那些事要是落到自己身上肯定更不行，有时候干脆就是莫名其妙地害怕。"

　　"我有点明白了，你和她吵架还差点动起手来，就是因为你害怕听到这些字眼，想要阻止她继续说下去。"

　　"是的，是的，就是这样。"

　　"我想问问你，刚才看你吵架很有气势，如果再让你和她吵一架，你觉得能吵得过她吗？"

　　"肯定不行，我做什么都不行，吵架就更不行了。"

　　"你觉得自己有没有比其他人强点的地方，任何方面都行。"

　　"没有，我做什么都不行。"

"回答得这么干脆？连饭量都比其他人小？"

"嗯。"

"你确定？你观察过每个同学的饭量吗？"

"那倒没有，可我什么都不行，估计饭量也肯定是最小的。"

随着谈话的继续，我发现这个孩子确实已经自卑到一个相当严重的程度。我一方面建议她去找学校的心理辅导老师寻求帮助；另一方面，我们一起逐条列举对照她与别人的优缺点，让她看到无论在优缺点的数量上还是程度上，她和别的同学基本持平，先从理论上让她信服。然后，我和她每天下午的活动时间碰一次面，总结这一天她和同学们的表现，从各方面进行比较，用老师的评价、课堂测试的结果等作为佐证。在代课老师和心理辅导老师的共同努力下，用了半年多的时间，她才逐渐摆脱了自卑的困扰。

②自卑的成因

孩子自卑的原因大致有如下几个方面：

一是智能方面的因素。每个孩子一开始都是很上进的，他们总是希望尽可能把每件事情都做好，得到各方面的认可和赞扬，这是孩子们在最初阶段的主要动力之一。但孩子们在感知记忆、分析归纳、想象联想以及语言表述、实验操作等方面总是有区别的，总会有孩子在比较中处于劣势，如果这种情况长时间得不到改变，他们就可能对自己在这方面的能力丧失信心。

有一次我的一个学生对我说越来越不喜欢学习了，甚至出现了辍学的念头。原因是在不少科目上对自己失去了信心：物理、化学和生物这三门课，他学得倒是挺好，但做实验的时候总是出问题，操作精细度方面总达不到标准；语文和英语成绩也还行，可语文的修辞，英语的口语总是比其他人差一大截。我首先给他详细分析了这些缺陷在高考中的比重，在未来的事业和生活中可能产生的影响，让他知道这些东西其实不见得就会影响大局；然后跟这几个科目的老师打招呼，请他们专门指点下，帮助他从根本上解决，从而打消了他的自卑。

二是定位方面的因素。有的孩子把自己与更高年龄段的孩子甚至和家长进行比较。更有极端的要强的，有一种"心比天高"的心理，拿自己和各专业的大师做比较。我的一个学生理科成绩相当不错，但文理分科的时候却选择了文科，我当时问他为什么，他的回答居然是："我真的更喜欢理科，所以经常看一些理化杂志，可是许多文章我根本看不懂，那年我买了霍金的一本书，自己看不懂，拿去让老师讲，没有一个老师能讲明白的。我就觉得自己再学上一百年也未必能达到那个水平。虽然我不是太喜欢文科吧，可至少我见过的相关书籍差不多能看懂，多少还能说出个道道来。所以我觉得自己搞文科更有前途。"我问他看不懂的是些什么杂志，他说有些是他哥哥从大学带回来的大学学报，其中还有《物理学报》，那可是中国自然科学界的顶级刊物。我跟他半开玩笑地说："咱俩的身份应该颠倒一下了，别说是高中生，就是你哥这个理科大学的高才生，看那书也未必能看懂吧。按照你的思路，那你将来该选择什么样的大学和专业呢？看不懂莎士比亚就不选择外语类专业了，读不懂《尚书》《尤里西斯》就不选择文学专业了，不明白博迪莫顿的《金融学》你还不选择金融了，那可真是没完没了了。"

三是教育方面的因素。本来，教育的目的之一就是要解决孩子们各方面的问题，包括自卑问题，但由于在教育过程中不可避免地存在比较，我们又不可能时时处处地在各个方面善加引导，所以反而成了导致自卑的一个重要因素。在教育过程中能够进行明确比较的往往都是成绩等硬性标准，但这一类硬性标准都有一个共同的特点，那就是它们衡量出来的优秀者都是少数，多数学生在竞争中处于中间或落后状态。

有一位外地的家长曾专程带孩子过来咨询我，说孩子中考的时候成绩在他们县排一百名左右，正好达到重点班的录取线。可一年下来，孩子的成绩越来越差，最好的一次是全班倒数第五名。那样的成绩放到普通班也得排到十几二十名。老师建议把他调到普通班去，可父母和孩子都不太同意，问我该怎么解决。我对他们说："其实我觉得老师的建议不错。他未必是看不起孩子，而是从孩子的心理和发展来考虑的。孩子本来就是刚好达线进重点班，在班里又长期居于劣势，给谁都会丧失信心。连信心都没有，怎么学习？到了普通班，每次成绩下来，至少直观上给人的第一感觉是成绩还不错，有了动力，很可能成绩也就起来了。把自己的思路放宽一些，这个世界上比自己强的人有千千万，但不如自己的也有万万千，何必要拘束得让自己'走投无路'呢？重点班的差生在学习上自卑，那普通班的差生是不是就不要上学了呢？想通了这点，问题也就解决了，调不调班也无所谓了。"

后来他们选择了调到普通班，果然，一个学期过后，孩子在普通班里成绩优异，在原来那个重点班也已经可以排到中等偏上的水平了。

四是评价方面的因素。我们对孩子的评价多数是阶段性的，而且容易习惯性地指出孩子的缺点然后要他们改正，似乎这就是教育的全部，很少专门持续地表现出对孩子们优点的赞赏。这就容易导致孩子因为短期局部的缺欠而产生长期的自卑。

有一对双胞胎，小时候画画，按照儿童画的标准来看，姐姐总是不如妹妹画得好，在这方面得到的表扬总是比妹妹少很多。但到高中的时候，出现了谁也想不到的情况——不少见过姐姐画画的老师都建议姐姐报考美术院校，其中还包括一些当地的美术权威，一位当地书画院的老师看了姐姐的画后说："这个孩子的画虽然不很合规矩，但是很有灵气，规矩可以培养，但灵气是天生的。"可姐姐最终还是没有选择这条路，因为她觉得自己从小画画就不如妹妹，现在即便有专家的肯定，还是无法鼓起勇气把自己的一生都押在这个"赌注"上。

五是家庭方面的因素。从我工作开始，我就一直坚持家访，有一次我和一个学生约时间去她家，结果她直接就跟我说："我家穷。"我的心有点冷——这么小的孩子就为家庭条件感到自卑，将来怎么面对社会？我决定当时就和她去，也免得她家里再破费准备饭菜。

于是我跟她说："去你家一是了解一下你的情况，二是请你爹喝酒，当然，这酒也不是白喝的，你不是说过你种了很多菜吗？我学生种的菜，怎么能不尝尝呢？说说你做饭的手艺怎么样吧。"我这么一说她乐了，我们一起买了两瓶酒去了她家。

我对她父亲说："我今天来一是请你喝酒，所以我带酒了，你给我送来了一个可爱的学生，所以我得感谢你；二是尝尝我学生的手艺，所以你什么都别准备了，咱好好看着这小丫头露一手。"这样一来，那个孩子的自卑心理得到了很大程度的缓解，后面的谈话非常顺利。

我和她父亲交流的时候，她父亲说："我经常告诉她，别人家有钱有人，将来找工作不发愁，咱家就是十几亩地，能供你上学就了不得了，别指望我们还能给她在别的方面出力。要是好好学，她学到什么程度我们就供到什么程度，总希望她将来能有点出息，别像我们一样要什么没什么。要是不好好学，那将来不管怎么吃苦也就怨不着我们了。"

孩子对我说："我知道爸爸是想给我点压力让我更努力地学习，可我每次想到他的话，就总觉得就算自己好好学，将来也不一定能找到个好工作，成绩能比得过人家的钱和关系吗？而且，人们不是常说遗传基因对后代有很大的影响吗？说一句我从来没敢说的话，这样的家里出来的人，就算努力成绩又能好到哪里？这个问题我想很久了。"说完，她还挺担心地看了看父亲。好在父亲没什么表示，不过我担心他是不是在表示默认，如果是这样，对孩子的影响更不好。

我对孩子说："你比同龄人想得要深刻，不过有些东西你确实想错了，也就过于悲观了。首先，咱们学校有多少没钱没关系的校友凭借自己的努力成为成功人士？事实是最有说服力的吧。其次，我还真没听说过你说的这种遗传，倒是听说过'寒门出贵子'。至于考好学校，找好工作，这些当然是学习的目的，但远不是它的全部。就像我们吃饭，如果只想着这顿饭是不是山珍海味，能不能吃饱，这顿饭吃得肯定不舒坦；但我就觉得这顿饭吃得舒坦，因为这是我的学生用亲手种出来的菜亲自下厨做的，而且是用心做的。所以说，不要把家庭条件、学习和出路联系得那么紧，学习本身就应该是一种没有负担的快乐，不只是为了掌握生存技能和生存资本，功利性太强不仅会让你错过学习本身的乐趣，也会给你带来不必要的压力，不利于竞争。"

不仅经济条件会导致孩子们自卑，家庭氛围也可能导致孩子们自卑。有不少孩子因为家庭不和睦，过早地失去了健全的精神支柱和健康生长的土壤。当他们看到别的孩子过着幸福美满的生活时，就可能从否定家庭发展到否定自己，从而产生自卑心理。他们甚至会想："为什么我家是这个样子的，难道我天生就享受不到一个温暖的家庭吗？这是不是命呢？如果真是这样的话，那未来的人生道路上还有多少这样的磨难在等着我呢？为什么别人就不需要面对这种磨难呢？我对未来充满了悲观。"这是一个孩子在他的父母吵架时在网上发的帖子。实际上，这也就是单亲家庭的孩子和孤儿最容易有自卑心理的原因。

六是生理方面的因素。随着年龄的增长，孩子们越来越重视自己的形象，不要说极少数孩子确实存在明显的生理缺陷，就算是不如别人长得漂亮帅气，都可能引起他们一种"自惭形秽"的心理。

③避免和解决孩子自卑的方式

首先，为孩子营造宽松和谐的成长氛围，用关爱和耐心化解他们的自卑心理。

自卑的孩子经常处于忧虑、恐惧、紧张、苦闷甚至绝望之中，他们比其他孩子更需要一种精神支柱。但他们在短时间里很难从自己身上找到这种支柱，否则也就不会自卑了，所以他们会转而从外界去寻找。他们首先期望的肯定是家人、老师和朋友，因为这三种人是他们最亲密的。此时，我们千万不可视若无睹或者敷衍了事，也不要严加指责要求，或者用"激将法"——对于自卑的孩子，这种方法太冒险了，很有可能让孩子本就微弱的自信心彻底崩溃。因此，不到万不得已，千万不要用。

对他们而言，自卑就像一道鸿沟，他们觉得凭借一己之力根本无法逾越。那我们就用关爱给予他们信心，帮助他们填平这道鸿沟。我曾对学生说："我能做的只有三件事，真心地爱你们，认真地教你们，严格地要求你们。这其中排在第一位的是爱你们，无论将来你们发展到什么程度，都不会改变我对你们的爱，你们都是我的骄傲。"如果孩子们能经常听到这样的鼓励，对他们来说无疑是一种非常重要的精神支柱。

某次考试之后，我到一个学生家里家访，她虽然非常努力，但成绩一直不好，我怕她承受不了，丧失信心。可当我敲开她家的门时才发现，我原来的担忧几乎是多余的。她的父母正在为她举办一个非常温馨的家庭宴会，虽然只有她一家三个人，菜也是很简单的四菜一汤，比如小葱拌豆腐、萝卜排骨汤什么的，但做得都很精致，色香味俱全，餐桌上点着一只粉红色的蜡烛，孩子面前的桌面上还放着一件礼物和几朵鲜花。那种氛围让人感觉是置身于和煦的阳光中。他们坚持邀请我一起就餐，说这顿饭本身就是为了表扬孩子又努力学习了一个阶段，又认真对待了一次考试，如果我能参加，更能体现它的意义，我欣然答应。这使我有幸听到了她的父母对她说的话，我写出来与大家共享。

她的父亲说："孩子，虽然你这次考试还是没有突破，但爸爸仍然想当着你的老师对你说，你的表现我们很满意。一是因为学习是生活的一部分，重要的是过程而不是结果。二是因为你确实已经非常认真地对待了，所以爸爸以你为荣。而且，天道酬勤，只要付出，总会有回报的。这种回报来得越晚，可能也就越多。所以，你现在实际上是在为自己储备成功。"

她的母亲对她说："孩子，妈妈还是那句话，无论你考多少，只要你认真对待了，你就已经是一个成功者了。妈妈相信你。妈妈从你出生前就已经开始和你谈心了，没有人比妈妈更了解自己的女儿，你一定会是一个非常出色的人。妈妈更想说的是，妈妈对你的爱永远不会变，只会越来越深。这些话你小时候妈妈就开始对你说了，天天说，但永远说不够，每次说的时候妈妈都觉得对你的爱又深了一层。"

那天，我终于明白为什么绝大多数的"差生"都存在严重的自卑心理，而她却能"屡败屡战""愈战愈勇"了，更重要的是，我深深体会到，家庭氛围对一个孩子的健康成长是多么重要。

其实，及时发掘亮点，坚持肯定评价，这是提高孩子们自信心的基础。心理学家认为，如果一个人经常对自己说"我能行"，再加上不懈的努力，那么这个人真的会慢慢地强大起来。同样地，如果经常对一个人说"你能行"，再加上耐心细致的帮助，也能收到良好的效果。我们要善于寻找孩子们的闪光点，因势利导，帮助他们走出自卑的泥淖。

曾经有一个班，高一入学的时候连续两次考试都是倒数第一，同学们有些接受不了，几个班干部明确地告诉我："不少同学失去信心了，有些同学已经有了放弃的念头，得赶紧想办法。"我答应了他们，晚自习的时候抱着一罐糖乐呵呵地进了教室，告诉大家通过这两次考试我看到了这个班的希望。由于是新组建的班，我听到有学生在下面低声嘟哝："鼓励士气也找个像样的理由啊，一听就是假的。"我笑了，对他们说："这可不是瞎说，我本来就不是来鼓励大家的。大家想想，我们虽然考了两次倒数第一了，但这是因为我们这段时间没有努力学习，没有认真对待这两次考试吗？"大家异口同声地否认。"那是不是因为我们班里的氛围不好，或者因为老师有问题呢？"同样是一致否认。一位男同学主动站起来说："我觉得咱们班的氛围是最好的，学习热情也是最高的，我们的同学来得最早，回去得最晚，玩得最少，就是不知道为什么成绩总上不去。"我说："这就结了，这就是我们班的希望。成功是99%的汗水加1%的机会，我们付出了努力，付出了汗水，这就已经是99%了，我们所缺的只是一个机会。高考可是三年的漫长竞争，不至于几个月就丧气了吧。所以我说你们的士气根本不需要鼓励，因为事实上不存在丧失自信的理由啊。其实要说你们的希望还不止这些，比如你们宁愿承受这种打击也坚持不作弊，这难道不是非常让人敬佩的吗？有位作家说过，看一个人是不是真正的英雄，要看他在失意的时候是否仍然坚毅、坚忍、坚持和坚强，我与大家共勉。"

对于自卑的孩子，用"局部成功"来激励也非常重要。因为他们对于长远的目标更容易缺乏勇气，我们不妨把这些长远目标分解开来。他对三年以后考上大学没有信心，我们就先设法让他对明天这一天树立起信心，或者先在某方面树立起信心。就像我在上一条里提到的家庭晚宴一样，父母就是用孩子的点滴成功来撑起孩子的信心的。

每次新生入学，我都会要求他们认真寻找自己的优点和缺陷，找缺陷是为了解决他们的自满心理，找优点就是为了帮助他们克服自卑，我把要求孩子们必须找到优点的几个方面列举出来，供大家参考：

你做的最成功的一件事情是什么？

你最擅长最有把握的事情是什么？

你最受大家称赞的是哪一方面？

你觉得自己在哪些方面还有潜力？

你觉得自己碰到的哪些人在哪些方面不如自己？

特别是当他做的最成功的事不是他最有把握做的事时，我们就可以借机引导他：即便在不是特别有把握的事情上，他也是可以成功的。事实摆在眼前，还有什么可自卑的呢？

再次，鼓励孩子们去主动尝试，巧妙地给他们提供机会，帮助他们更多地体验成功，这样可以强化他们的自信心。

由于自卑，这一类孩子常常会丧失很多本来可以成功从而增强自信的机会，更不会主动创造机会。我们要想方设法地弥补他们的这种缺失，帮助他们寻找机会，给他们创造机会，让他们更多地体验成功，通过事实来认识到自己能行。这和第一条是解决孩子们自卑的最直接的两种方式。

一个孩子想用石子砸中十米外的瓶子，这个距离即便对于大人来说也是很困难的。一次次的失败之后，他想放弃了。这时他母亲对他说："为什么不再试试呢，以前没砸中并不等于以后永远砸不中。与其灰心失望，还不如继续坚持，妈妈跟你一起砸，谁说咱们就一定砸不中呢？咱们比赛一下，看看谁先砸中。"这位母亲不仅是在鼓励孩子，而且巧妙地转移了孩子的注意力，之前孩子的注意力全都集中在每一次投掷是否能砸中的问题上，而现在，他关注的是他和母亲两个人的比较，这么一来，就算他很长时间里仍然砸不中，但有了母亲做陪衬，他就不会觉得丧气，而是想着继续砸，一定要在母亲之前砸中瓶子。这几句源自母爱的话无意中取得了相当好的教育效果。

随着孩子们逐渐长大，许多原来由父母包办的事情转而由他们自己来做，但一开始的时候，肯定不如父母做得好，这就可能让他们觉得自己不如父母。当他们意识到这一点的时候，他们很可能会要求仍然由父母来做，这实际上已经体现出他们对自己的不自信。这个时候，父母千万不要接手，也不要因此批评他懒，很多时候不是因为懒，而是因为他希望事情的结果像以前一样好。要鼓励他，指导他，帮助他，当他发现自己也可以做得那么好的时候，也就是他的自信心逐步建立起来的时候。

自卑型的孩子在最初独立购物的时候，往往会患得患失，怕花了冤枉钱，怕买到的东西质量不好甚至买错，最后可能空手而归。这时候，他们很容易向父母提出要求希望继续由父母来为自己选购。父母的回应一般有三种情况：

第一种是全面接手，继续为孩子包办购买；

第二种是鼓励孩子去尝试，"买错了就买错了，买贵就买贵，就当是交学费，慢慢就学会了。"缺乏具体的指导帮助。

第三种是带孩子去购物，让孩子唱主角，父母在一边适当地参谋。

有一次我的小侄儿要买学习机，担心买不妥当，要求我带他去买。我问他："现在市场上有很多种学习机，质量、性能和价格都有差别，我们该怎么弄清楚他们的区别呢？"小侄儿想了想说："可以到网上查，也可以问问同学们。"我点点头，"那你现在去查一查吧，把查到的信息比较一下，看看哪一款更合自己的心意。"他用了将近两个小时，不仅查清了学习机的各种品牌和型号，还把自己比较喜欢的几种抄下来，让我给他确定一种。我说："学习机是自己用的，叔叔觉得合适的未必你用着顺手，更未必是你喜欢的。那你觉得应该怎么办呢？"他说："那我就看自己将来最需要哪些方面不就好了？"我拍拍他的头："聪明！"当他做出了选择时，我又问他："你确定从网上查到的这些东西肯定是全面的正确的吗？""应该没问题吧。""你说的可是应该，办事情应该尽量办得有把握一些。能不能想办法确定一下呢？""那我就问问用这种机子的同学们，还可以查查网上人们的说法。""很好，那就去问吧。"两天后，小侄儿给我打电话说问好了，于是我带他上街去买。进了几家店一问，价格都比网上高一大截，小侄儿又发愁了，问我："要不咱们到网上去买吧，可万一买到假的怎么办？"我告诉他："事情办到这个程度，你的能力已经完全可以自己买了，在网上买和在店里买都一样是买，方法是相同的。只要你把这段时间的经验总结一下，肯定没问题的。"后来他真的自己在网上买到了一款性价比相当高的机子。事后，他总结了这件事给他的启发，写了一个"少儿购物经验十一条"。其中几条是：

不要急着买，先到网上查看，然后问问周围的同学；

要多问几家店，看看谁家的价格便宜，网店里的价格也不一样，也要多看几家；

选择在哪家店买的时候，也要打听一下人们对这家店的评价；

做不了决定的时候，可以想想父母买东西的时候是怎么做决定的；

做出决定以后，要征求一下大人的意见，这样买得更有把握一些；

要根据自己的需要选择，好的东西不一定都是自己需要的

……

我相信，以后他再这方面再不会头疼了。

我们经常会对孩子们说："大人谈话小孩子少插嘴，你懂什么？做你自己的事情去。"其实这样会在无形中对孩子产生打击，埋下孩子自卑的种子。因为他们听到这些话会觉得："还有很多事情我不明白，我还是个孩子，什么都不懂的小孩子。"那他什么时候能长大呢？恐怕到他长大的时候他还是没有意识到自己已经长大了，甚至不敢意识到自己已经长大了。

有很多新生刚入学的时候为这样一些事情来找我："老师，凳子坏了，怎么办？""咱们班门上的钥匙配几把？""班里有人上课的时候说话，怎么办？"甚至有班干部问我："老师，咱们班该怎么治理？"我一般的回答是："自己想想办法吧，你们长大了，肯定比我们做得好。碰上什么克服不了的困难时我们再一起商量，不过按照我以前的经验，最后想出办法来的还是你们。"

这些年来，无论语文教材怎么变，我给他们最初讲的课文里总有一篇《少年中国说》，就是让他们知道，他们才是最重要的。不要让孩子依赖我们，要让他们意识到实际上是我们在依赖他们，而且随着年龄的推移会越来越依赖他们。当他们意识到这些的时候，他们就很少会自卑了，不仅是由于信心，更是由于责任。

除了鼓励和指导之外，我们还可以想方设法地创造机会让他们体验成功增强信心。

曾有一个刚刚分到我们班的女生对自己的粗心和耐心非常自卑，她觉得女生本来就不应该有这两样缺陷，既然有了，那就是天生的，很难改正。周六的时候，我请她帮我备课，把整篇整篇的课文抄到备课本上。她从下午三点到晚上八点花了五个小时帮我抄了十几篇课文，抄完后我检查，居然只有两个错别字。我对她说："你看，连着抄了五个小时，我注意了时间，其间你休息的时间不到二十分钟，不能说自己没有耐心吧。十几篇课文只错了两个字，不能说自己不细心吧。以后可不许对自己没信心了。"最后一句我是用开玩笑的口气说的，因为这句话如果过于严肃，反而会给她一种压力。

有一次学校运动会报名的时候，我指定一个在很多方面都不自信，身体素质也确实不行的孩子参加1500米长跑，把这孩子愁得当时就快哭出来了，对我说："我上去肯定跑倒数第一。"我说："倒数就倒数了，那有什么关系。"他问我："那还跑什么啊，直接弃权就行了。""那可不一样，"

我郑重地对他说："这两者有着根本的不同，全力以赴后的失败和胜利同样光荣，你要由此学会面对自己的人生。至少要知道，不是只有实力强的人才能参加竞争。上去吧，跑不快就跑慢点，跑不动了就走，实在不行就歇歇，不管你跑十分钟还是俩小时，只要能完成这1500米，咱就是'笑傲江湖'了。"同学们也纷纷响应，有的甚至唱起了《男儿当自强》，他被这种氛围感染了，说了一句："就是我了，行，我上！"比赛结果，他真的坚持下来了。当他过线的那一刻，我们所有人都紧紧地拥抱在一起。从那以后，他自卑的心理就缓和了很多。

我们也可以通过转移兴奋点的方式来帮助孩子们克服自卑。有的父母看到孩子在某方面快要失去信心的时候，就让孩子去帮助比自己更小的人做这些事，这真是一种非常聪明的做法。更简单的办法是，当孩子在某方面暂时失去信心的时候，设法转移他的注意力和兴奋点，先将之引到他的强项上去，当他的状态恢复后，再面对曾经失去信心的事情，效果就要好很多。

同时，在孩子们的自信心发展到一个更高的程度前，也要尽可能减少他们受挫的机会。

④进行理性科学的分析引导，提高孩子分析和认识问题的能力。

当孩子失败的时候，帮助孩子理性地分析原因。引导孩子明白，失败的原因可能是多方面的，不仅有主观原因，也有客观原因，即便是主观因素造成的，也未必就是不可原谅的，因为任何人都不能完全地把握自己。因此，不能因为曾经或现在失败，就认定自己永远不行。

首先是帮助孩子选准参照者和参照点。当孩子与别人进行比较时，帮他选择水平基本相当的人，而且要注意他是不是在拿自己的弱点与别人的优点比。让孩子学会讲究"可比性"，避免"人比人，气死人"的情况发生。

家长尤其要注意对孩子进行比较的时候随意选择参照，而且简单地说一句：你看人家某某某的哪方面。这个习惯很不合适。一个成绩不错的学生曾对我说："一回家就不想学习了，我妈总在我面前唠叨嫌我粗心，结果她越唠叨我错得就越多。"为此我约见了这位家长，果然，她一到学校就数落自己的儿子："成绩虽然不错，可总是有点毛糙，做题经常会有想不到的失误。你看人家XXX，从来都是一次性做对。我就经常对他说：你什么时候能像人家那样？"其实这两个学生成绩差不多，他儿子的成绩还要略好一些。至于粗心的问题我也注意到了，但他儿子确实可以通过检查把这些东西都找出来改正，所以影响并不是很大。我对这位家长说："男生毛糙一点很正常，咱可以不必把他和女生比，细心本身就是女生的优势。不影响结果就行了，何必一定要让他马上变得不粗心呢？这不是一件容易的事，如果操之过急，那可是过犹不及啊。"

即便是纵向比较，也要注意这个问题。有几个学生曾对我说："小时候记什么东西看一眼就记住了，现在记东西背上十遍八遍都记不住，背得人伤心。"这个问题更简单了，小时候背三五百字的课文算是高要求。到了高中，三五百字根本不值一提，难度当然就大多了。可越是简单浅显的原因，孩子们越是容易忽略，所以家长帮助孩子正确地寻找原因并让孩子逐渐掌握这种能力是非常重要的。

第二点是要注意帮助孩子设定适当的目标和实现时间，家长本身对孩子也要有一个科学合理的期待值。目标过高，实现时间过短都是不合适的，尤其是后者。多数家长已经意识到了制定目标要根据孩子的实际情况，但往往忽略了制定实现目标的时间也是不可以一厢情愿的。有些家长对孩子说："我对你要求不高，每次进步三名。"进步三名这个要求是不高，可每次就有点问题了，得看多长时间考一次试，高三一般是一月一考，真要能达到每次考试进步三名，那每个中等生都可以考上清华北大了。一位家长看到孩子写的学习计划后问了几个问题："你征求老师的意见了吗？这个计划你试过了吗？自己觉得可行吗？有后备的措施吗？"最后嘱咐："先按照这个计划努力两个月，根据结果我们再最后确定吧。"我觉得这样就很合适。耐心是一切的前提。

第三点，在针对具体事件时，如果事先考虑到可能出现的困难，有了具体的对策，也有了恰当的心理准备，引导孩子正确面对可能出现的挫折，即使结果不尽如人意，也不致造成孩子心理上的大起大落，从而产生自卑心理。比如，当学生即将面对一件事情的时候，我常常问他们："你有没有想过，如果这件事失败了，你是不是也能得到什么？"有的孩子说："我能得到成功之母。"有的孩子还引用美国通用电气公司创始人沃特的话："通向成功的路就是把你失败的次数增加一倍。"

慢慢地，孩子有了更深一层的体会："就像爱迪生做实验一样，至少我知道这么做是错误的，以后就不会犯同样的错误了。""错误很难完全避免，失败也不一定能避免，我先努力去做，认真对待，把结果交给明天吧。"如果他们确实能做到每次失败之后都能有所"领悟"，把每一次失败当作成功的前奏，那就能化解失败的负面影响，变自卑为自信了。到这个程度，我所要做的就只是竖起大拇指了。

第四点是不要回避让孩子们感到自卑的东西，首先，这种回避没用，孩子们是非常敏感的，我们越是刻意回避，越让他们觉得这个问题很严重；其次，他们迟早总是要面对这些问题的，所以只要适当地引导就好。

曾经有一个学生，他生理上有一点并不严重的缺陷，但他父母送他来学校的时候还是专门嘱咐我："孩子生理上有些缺陷，因此非常自卑，希望老师多鼓励多关照。"言下之意，这个孩子再也经不起打击了。可问题是我们怎么能确定孩子在高中三年不会经受打击呢？于是我和他进行了一次专门的谈话，在大致摸清他的心理状态后，我对他说："你的那点问题，不应该成为你的负担。你为什么要关注那个呢？没人会因为我们无法把握的东西而嘲笑你的，就算有，也只能说明那人浅薄鄙陋，而这种人的态度我们还用得着在意吗？但如果你不好好把握自己能够把握的东西，那一定会有人看不起你，而这些人却都是真正有资格看不起你的人，这才是人生的失败和悲哀。说得极端一点，多少残疾人都在那里奋起，你为这么点事消沉什么呢，不像个男子汉的作为嘛！更进一步说——你听清楚——你为什么不这样想呢，能成非常之事者，才有非常之貌，也许这正是上天对你的眷顾呢？好好奋斗吧。最关键的是先从内心深处塑造一个光辉灿烂的自我形象，然后再激发你全部的潜力，拼命地实现它吧。"

最后需要注意的一点是，心理学上有一种说法，叫作"补偿机制"。意思是说人们为克服因缺陷而产生的自卑，而发展自己其他方面的优势，从而让自己心理平衡。因此自卑感就成了许多人成功的动力。创立这一学说的奥地利心理学家阿尔弗雷德·阿德勒在《自卑与超越》一书提到："所有的儿童都有一种内在的自卑感，它可以刺激儿童的想象力并诱发改善个人的处境的努力，以此来消除心里的自卑感。"他认为自卑感越重，寻求补偿的心理也就越迫切，因此有缺陷的儿童往往比健全的儿童更好胜。这原本是我们帮助孩子改变自卑心理的一个很好的切入点。但我要强调的恰恰在这里：这种方式用得好，效果非常好；如果运用不恰当，反而会适得其反。其中的关键有两点：一是不可好高骛远，制定很难实现甚至根本不可能实现的补偿目标；二是不要赌气。只有科学合理的心理补偿，才能真正起到积极的效果。

有的家长为了激励孩子克服自卑心理，会对孩子说："他是第一名又怎么样？他这次分数一百多分又怎么样？别怕，苦干三个月，超过他。"这个目标难度太大了，一旦实现不了，反而会加重孩子的自卑情绪，不如说成："每个人都有各自的情况，让我们来想想，下一阶段你成绩的增长点在哪里，能增长到什么程度。别担心他比你多一百多分，反正总分是750分，他现在考600多分，将来也不可能超过750分；你现在考500多分，一点点地赶起来，再怎么说也还有一年的时间，每三天长两分也和他齐平了。更重要的是，在实际考试当中，650分已经是极限了，他的增长空间并不是很大，按照这个标准，你每三天增长一分也赶上他了，你想想，你每天做那么多，怎么可能长不了这一分，我们一起实验一下吧。"

有的孩子因自卑而赌气，因赌气而努力，这在短期来看是非常有效的，但从长期看对孩子很不好，尤其是对孩子的心理健康不利。人道主义者威特·波库指出，人们为了维护自己的尊严和人格，就要求自己克服自卑，战胜自我。

但我觉得在教育孩子的时候，自卑问题最好不要和尊严人格等话题联系起来，否则不仅增加了我们与孩子交流的难度——他们本来就因为自己某方面的缺陷自卑，如果把这两者联系起来，一旦我们的语言不严密，会让孩子们在自己的尊严和人格方面也变得自卑——而且会让孩子过于重视这个问题，从而在思想和行动上变得极端起来。

有个学生对我说过一件事情："我上初中的时候在体育上非常自卑，爸爸说男孩子连点斗志都没有简直丢人，我们家就没这么胆小的，要做个男子汉。我也觉得爸爸说得有道理，不就是他们跑得快一点吗？有什么好怕的。所以我天天和他们比跑步，还真的把他们比下去了。从这以后，自卑倒是不自卑了，可看见谁哪方面强就想和他们比，就想超过他们，有用的没用的都想和他们比，弄得自己的心根本静不下来。"这就是一种典型的因为赌气而产生的好斗心理。

实际上，根本没必要让孩子用战胜什么人，包括战胜自己的方式来克服自卑心理。我曾对一位同学说："自卑就是因为比较而产生的，如果你不去进行比较，也就不会觉得自卑。要明白一条，我们做事是因为我们需要这么做，不是为了做得比别人好才做。人生本就是一个过程，我们在人生中，无论什么样的感受都是一种美好的体验，体验过了，人生也就完美了，我们做事的根本目的也就达到了。"当一个人这么想的时候，就会在无意中忘却自卑，当他自信起来的时候，即便进行比较也不会差到哪儿。古语说："不与人争，故人莫能与之争。"

⑤当孩子们的自卑心理克服到一定程度的时候，我们可以适当地放开手，让孩子去面对一些逆境，甚至适当地创设一些逆境，逐步磨炼孩子的心理承受能力。

这种做法要注意几点：一是要确定孩子们的自卑心理已经得到比较大的改变，有了比较强的心理承受能力，因为这种方法只能磨炼强化孩子们的自信，如果想在最初阶段以此来帮助孩子们建立自信克服自卑，效果不佳，风险也很大；二是要逐步加压，适当加压，不要一下子把孩子们压垮，教育不是为了淘汰，我们施加的压力要稍微轻一些；三是要随时监控，发现孩子承受不了的时候马上辅导帮助。

⑥古人说："授人以鱼，不如授人以渔。"不仅要用这些方法来引导和帮助孩子，还要让孩子自己掌握这些方法，随时随地进行自我调控，更好地走出自卑的泥潭。比如，在不断地对他说"你一定能行"的同时，也让他学会不断地说："我一定能行。"一开始可以把这作为一个单纯的目的让他实现，当他把说这些话作为一个习惯的时候，就会在不知不觉中受到影响，从而产生改变。我在学校也是这么做的，上课前老师和学生的对话有一定的套路，老师对学生说："同学们好。"学生回应："老师好。"但当我发现班里的士气不是很高的时候，我会让他们改变对话的内容。老师对同学们说："这节课你们准备好了吗？"同学们回应："没问题。"这相当于每节课前进行一个简单的宣誓，所以我们班自卑学生的比率要比其他班少很多。有的家长从小要求孩子每天与父母进行一个简单的对话，父母对孩子说："宝贝，今天你准备好了吗？"孩子回应："准备好了。"其实小孩子哪里能预想到今天可能出现什么情况，这样的对话就是为了提高孩子面对今天的自信，不要小看这两句话，一天两天肯定是没什么效果的，但一年半载坚持下来的话，能起到意想不到的效果。

我在帮助孩子们逐步解决自卑的同时，也把一些简单易行的方法教给他们，现在介绍一些供大家参考：

敢于昂首挺胸地坐在第一排最中间的位置上，出现在人们最容易注意的地方，敢于直面别人的目光，不管你心里多么恐惧，先做了再说。做的时候你可以不断地对自己说："这没什么。"尤其要敢于在课堂上大声回答问题，大声与老师讨论，敢于当众大声说出自己的想法，不要总想着"我的想法可能是错的，还是别说了，免得别人笑话。"也许我们内心的不甘会让自己立下空洞的誓言："下一次，或者人少一点的时候，话题不是那么重要的时候，事情不是那么复杂的时候我一定发言。"不要这么想，也不要这么做，就是这一次，我先站起来再说，先说了再说，哪怕真的是错的，至少我说出了自己的想法，世界上本来就没有什么想法是绝对错误的。其实自卑带来的恐惧并不是持续不断的，只要你开始做这件事，它就可能逐步减弱。另外，持续的微笑和衣着整齐也能很有效地克服自卑。

当然，正如我前面所说，最重要的还是事先有周密的准备和预想。

（4）孤僻型孩子：试着用他们的方式思考和表达

我想首先强调一点，孤僻不等于自闭，更不等于自闭症。自闭症不仅是一种临床心理疾病，而且很有可能涉及生理方面的问题，那不是我们通过教育就能解决的。我只想提醒家长们注意两点：一是如果孩子真有自闭症的可能，那千万不要掉以轻心；二是不要草木皆兵地随便给孩子"扣"上一项自闭症的帽子。这两条建议看起来有些互相矛盾，那我们究竟该如何处理呢？

"心理网"上有一个初步的测试标准，我引用过来供大家参考：

1. 没有眼神接触/很少眼神接触。

2. 不适当地大笑或傻笑。

3. 对于别人的脸部表情、情绪或肢体语言无法了解。

4. 无法调适声量迎合不同的社交场合(例如声量太大)。

5. 不喜欢/抗拒改变日常生活规律。

6. 游戏方式缺乏创意，也缺乏角色扮演的能力。

7. 怪异行为/让旁人觉得古怪的行为(例如：无故在课堂上拍掌)。

8. 满不在乎的态度(例如不理睬来访的客人)。

9. 只在大人坚持和相助的情况下才参与接待来访的客人。

10. 兴趣范围狭隘，对某样东西/事物着迷。

11. 对同样的课题滔滔不绝。

12. 没有与他人分享他的兴趣爱好。

13. 像鹦鹉般模仿他人说话。

14. 呆板而重复地模仿电视、录像里的行为举动和讲话方式。

15. 自始至终和别人说话，不顾他人是否有兴趣听或者有回应。

16. 不能自然与适应地和其他孩子玩乐。

17. 可以很快和很好地做一些事情，但却不能胜任需要应用一些社会知识的工作。

18. 喜欢旋转东西和喜欢自身旋转或注视会旋转的东西。

19. 喜欢独自玩很长时间的积木或画画。

若超过10个以上的"经常有"，建议去看相关的专家。

许多研究自闭症的专家在谈自闭症的预防时都提到了一点，应该引起我们的重视：多与孩子交谈沟通。

有些专家更明确地强调：现在许多父母由于种种原因，长时间不与孩子沟通，不仅说话的时间少得可怜，甚至有的父母和孩子除了睡觉就不可能在一起；孩子们与书籍、玩具和电视在一起的时间远远大于和父母在一起的时间，要预防"电视宝宝"的出现。因为，这种情况非常容易导致孩子自闭。因此，我们必须意识到，陪伴孩子，与孩子交流是多么重要。

自闭不是一个简单的问题，需要的是专家的指导意见。这里，我想重点与大家讨论的是孤僻的问题。

父母与孩子交流太少不仅可能导致孩子自闭，也是很多孩子孤僻的原因。孩子孤僻一般有三种原因：先天的孤僻大多是性格造成的；后天的孤僻或者是由于孩子从小缺少与人交流，渐渐地已经适应了这种生活方式，或者是由于自卑或骄傲。但即便是由于自卑或骄傲而孤僻，其根本原因也是缺乏与父母师长的良好的交流。如果一个孩子从小在良好的沟通交流中得到教育引导，又怎么会自卑或者骄傲？

那么，如果孩子已经形成孤僻的性格该怎么办呢？

我觉得首先要理解他，尤其要注意的是别用异样的态度来对待他，无论你是出于什么样的原因。我曾经教过一个女生，她很少与人交流，后来通过与其他同学的谈话也证实了这一点。当时我也没有更好的办法，而且说实话我觉得她那个样子也是一种别样的可爱，所以我没有刻意地解决这个问题，只是每次见到她的时候，对她笑一笑，就这样一直笑到她高中毕业。很久以后，我接到她的一封信，信中说："老师，谢谢你，虽然我不喜欢说话，但我一直打心底里感激你，你是很少的几个觉得我没问题的人，你的微笑让我觉得温暖。"

这件事给了我与这一类孩子打交道的信心，后来我了解到有个学生也很孤僻，元旦联欢的时候同学们请老师表演节目，我说我想请这位同学与我一起唱首歌。几乎所有的人都觉得有点意外，而且我自己都觉得她肯定要拒绝的，能说出个理由来那已经是给足我面子了。没想到，仅仅两三分钟后，她居然走过来拿起了话筒。那天我们唱的是《真心英雄》，她唱得很投入，我们配合得也很好。从那以后，她明显地变得开朗了，不仅开始在课堂上积极地回答问题，而且我好几次碰到她在校园里和同学们谈笑风生。

不少孤僻的孩子并不是发自内心地不关心别人，也不是不希望交流，而是不知道该如何交流，或者他们对交流有着自己的理解。

有个学生，开学半个多学期了也没交到一个朋友，大家都觉得他孤僻。他那种冷冰冰的对什么都无动于衷的神态和表情，连我和他谈话的时候都觉得别扭。这么谈了几次，效果很不好。后来我改变了交流方式，不再与他面对面地谈话，而是给他写信。有什么想要对他说的，就写到小纸条上夹到他的作业本里。最初我这么做只是想避免直接交流的时候彼此尴尬，但后来却发现起到了意想不到的效果。这件事让我深入思考了与孤僻孩子打交道的方式。

后来我又接触到一个更为孤僻的学生，别说她与同学们交流了，我压根就没听她说过几句话。有一个周末，我去学校检查住校生的安全问题，无意中发现她一个人站在空旷的校园里看星星，因为当时是冬天，又是周末，虽然才晚上七点多一点，但教学区的人已经很少了。一则为了保证她的安全，二则也想试着进一步了解一下她的情况，我就站到了她的附近，但是我没有开口，就那么陪她站着。而她除了刚看到我的时候点了点头算是致意就再没有别的表示。我们就这样静静地站了一个多小时，她才对我说了一句话："老师，谢谢你，我没想到今天晚上在这里能碰到你，可我今天从你那学到了很多东西。"然后与我告别回宿舍去了。我想了很久都没弄明白她那天晚上到底从我这学到了什么，只是觉得从那以后，她那种忧郁的情绪好像少了很多。

当然，我们没必要把这个问题搞清楚，但我觉得我们是否能从中受到一些启发：与孤僻的孩子打交道，不要把我们觉得理所当然的方式强加给他们，而要试着用他们的方式思考和表达。

有些孩子的孤僻是缺少关爱形成的，这种情况更多一些，一般来说只要我们给予他们足够的关爱，问题就基本解决了。需要注意的一点是，既然这些孩子是因为缺乏关爱才变得孤僻，那他们就未必会急于寻求人们的关爱，也许他们在长期寻求的过程中已经渐渐地失去了得到关爱的信心。所以当我们对他们表示关爱的时候，他们反而会对这种突如其来的关爱持怀疑甚至敌视的态度。

有一个学生对我说："我爸妈对我除了骂就是打，从小到大都是这样。"为此我多次找到他的父母谈这个问题，他的父母也接受了我的建议，有意识地克制了自己的脾气，对他温柔了很多，结果却换来他一句："我不相信你们。"气得他爹直哆嗦，操起家伙来又要上手。我知道了以后赶紧给他父亲打电话："这是很正常的，古人说'冰冻三尺非一日之寒'啊。我刚开始和他打交道的时候，给他个雪糕他都要想半天我为什么要这么做？到其他同学和我成了朋友之后半年多，他还对我抱着戒备之心。"

这件事平息下来之后，我想过，我们到底能用多久才会化解他们的这种心理呢？想来想去，产生这种情况的年龄越小，化解起来需要的时间就越久，我怀疑用两倍三倍的时间都是有可能的。所以，做父母的从孩子很小的时候，就要给予孩子足够的关注。

（5）自满型孩子：制定一个足够诱惑力的新目标

自满的学生往往是老师、家长心目中的好学生，他们在某些方面确实是优越的，但他们对自己的优点缺乏理性的认识，过分夸大自己的长处、无视自己的不足，使自己"头脑发热"。自满与自卑是学生自我认识和自我评价的两个极端，都是不成熟的表现，都需要引导矫正。

有意思的是，由于这类孩子对自己信心太足，在很多事情上认为"非我莫属"，所以当他们受到挫折的时候，不仅可能产生不理智的想法，还经常走向另一个极端，由自满变得自卑起来。所以，对待这一类孩子也不是"泼点凉水降降温"那么简单。

对于孩子自满情绪的预防和矫正，我们需要注意这么几点：

①对孩子进行评价的时候坚持全面辩证的原则，同时帮助他们建立客观的自我评价体系，巧妙地引导孩子们向更高的目标前进。

孩子小的时候，我们对他们的评价肯定是以正面鼓励为主，但是随着孩子年龄的增长和心智的成熟，我们也要逐渐引导他们认识到自己存在的不足。比如，三岁的孩子写字的时候，无论写得多么歪歪扭扭，我们都应该说："你写得真棒。"这时候不必担心他们产生自满心理。但是当孩子们上一年级的时候，我们就不能这么简单地评价他们了，而应该注意他们写字的姿势和笔顺是否正确，他们再大一点的时候，我们就可以进一步在字体的工整和美观上提出一些初步的要求。这样，他们永远有新的目标去奋斗，自满的可能性就很小了。当然，在逐渐增加要求，指出不足的时候，我们对他们的正面评价也应该逐步升级，否则就可能导致他们走向反面，变得自卑起来。

我们评价孩子的主要依据就是孩子是否实现了各方面的发展目标，他是如何实现的。因此，目标的设置对预防孩子自满非常重要。因为，多数孩子的自满正是因为他们缺少有足够诱惑力的新目标。

这里有一点需要注意的是，很多家长对孩子缺少目标很不理解，觉得怎么可能呢，找一个新的目标很困难吗？曾有一位家长这么问过我，我的回答是："首先，孩子们寻求的是一种成就感，这是他们从小到大成长的原动力。当他们通过自己的努力获得这种成就感的时候，他们就很容易徜徉在这种成就感里止步不前，因为他追求的就是他迷恋的，孩子们毕竟是感性大于理性的，他绝对不可能像成年人一样在成功后立即设定新的奋斗目标。要让他们把辛辛苦苦获得的成就感很快抛弃，谈何容易？这肯定需要家长给他指出不足，让他认识到自己眼下的成就其实并不很充分，他才有可能继续奋斗。但是这又不能操之过急，总得给他一段时间让他好好体验下已经取得的成功，如果每次他一成功就给他指出不足，设定新的目标，那就等于是给他泼凉水，会对孩子产生极大的打击。其次，我们给他设定的目标他是否接受也是个很大的问题，至少得让他觉得这个目标是必需的、合理的，他才会继续奋斗，当然，如果这个目标对他是有着极大诱惑力的，那就最好了。"

每当我的学生取得一定成绩的时候，我总是真心地祝福他们，与他们一同沉浸在成功的喜悦当中，甚至开个小型庆祝会什么的。只是当他们在以后的学习和生活中碰到了什么困难解决不了的时候，我们才会一起讨论："看来，你已经取得的成绩面对这些困难还是显得有些无能为力，那我们一起来看看，下一步应该做点什么，怎么做，才能解决新问题。"

有位小学数学老师，发现孩子学习乘法时积极性很小，她通过调查发现，很多同学觉得乘法能做到的，加法也能做到，只不过是稍微麻烦一些，所以懒得再学乘法，特别是背乘法口诀。这位老师没有急着改变同学们的这种念头，而是表扬同学们对加法的熟练运用。同时找机会出了这么一道题："同学们，今天老师想给同学发雪糕庆祝大家用加法用得那么好，我准备给每位同学发六个雪糕，那么请大家算算，全班50位同学应该需要多少呢？"当同学们费尽心思算出来的时候，雪糕已经全部融化了。这时她才因势利导，引导大家重新认识乘法的重要性，孩子们的积极性果然被调动起来了。

有位做会计的家长发现自己的孩子虽然脑子非常快，但粗心大意，而且怎么说孩子都不改。孩子对爸爸说："没关系的，到了中考的时候，我自然就认真了。"但这明显是虚幻的，粗心是一种习惯，不可能说改马上就能改掉的。于是，父亲向领导说明情况，得到领导的许可后，从自己企业的账中挑选了一些复印了带回来，对孩子说："儿子，这些是爸爸最近要做的账，但是爸爸最近有别的任务，实在没时间处理。爸爸的领导知道你现在是初中生了，而且数学学得非常不错，所以提出让你帮助爸爸完成这些东西。"孩子非常爽快地答应了。

账做完后，父亲带着孩子去了企业，领导接过账本就给相关人员打电话，让他们过来对账。结果那些人过来一对就愣了，其中一位不明究竟的同事问这位父亲："你可是咱们的老财会啊，我可对手下说过，电脑可能因为病毒出现错误，你的账绝对不会有问题，这次怎么做成这样？是不是有什么事不在状态？"领导假装不知道底细，配合这位父亲："错就错了，粗心点也不是什么大错，先就这么着吧。"这下所有人都像看怪物一样看着领导："那怎么行？就这个账我们马上就得破产了，老总，是不是有什么难言之隐？可再为难我们也损失不起这么多啊。"

这时，孩子明白粗心的后果有多么严重了，他赶紧向大家说明账是自己做的，领导也把这个情况给大家做了说明。大家明白事情原委以后，一位中层领导对这个孩子说："孩子，你这个想法可不对，对你来说，粗心无非就是分数多少的问题，这次考不好下次注意就行了。可到了工作中，这可是无法挽回的损失。你知道吗？按照你做的这个账，我们企业得损失六十几万，那就意味着两百多人一个月得饿肚子了，很可能这个企业就此破产了。"从此以后，这个孩子在每本书的封面上都写上了一句话："要认真，多检查，不粗心。"果然慢慢改掉了这个毛病。其实，以前父亲也给孩子举了很多粗心导致严重后果的例子，但是孩子没有切身体会，就觉得无所谓。所以我们要想让孩子意识到自己的不足，设定新的目标，是要讲究一点技巧的。

明智的家长，会经常引导孩子们反思自己，我曾经在一位家长那里见过一摞孩子的成长记录。其中有一份要求孩子每个月都要认真填写的反思记录，我摘写出来供大家参考：

本月我犯的错误，这些错误的后果，这些错误是不是可以避免的？（请大家注意，这位家长问的是可以避免而不是应该避免，这样就现实得多。）

本月我表现出来的不足，这些不足与别人的差距，这些不足是不是可以弥补？弥补的方法是什么？多长时间可以弥补？

本月我又接触到了哪些新的东西？我能否适应这些东西？困难在哪里？为什么会产生这些困难？我是否应该克服这些困难？我应该如何克服这些困难？我多久能克服这些困难？

而且，这位家长还把这些问题逐条细化为知识上、生活上、思想上，等等。这实在是一种非常好的预防孩子自满的想法。

②要注意预防孩子走向另一个极端，培养孩子承受挫折的能力。

自满的孩子未必承受能力就强。恰恰相反，很多自满的孩子正是因为从小到大过于顺利才产生了过分的"优越感"。这就意味着他们比其他孩子少了很多磨炼，因此，一旦遇到挫折和失败，他们更容易变得自卑。

有个学生物理学得非常好，但有一次物理题实在是太难了，重点班及格的都不到1/5。这个孩子考了62分，应当来说是非常不错了，可他觉得自己的物理成绩最糟糕的时候也没下过80分，所以受到了很大的打击，连物理课都不想上了。其实大家都很清楚问题在哪里，但是当局者迷，旁观者清。他就想不到其中的原因。我和他做了一个实验，我给他指定了几个心理承受能力强而且某些科目学得相当扎实的同学，让他找些东西去考这些同学，比如，从字典上找一些字让语文学得好的同学去认，找几道数学竞赛的题让这些同学去做。这样下来，他的自卑情绪才逐渐缓了过来。

我记得2003年高考的时候，全国卷数学题难度比较高，使得很多原来憋足了劲准备上重点的学生丧失了信心，不仅数学没考好，还影响了其他科目的发挥。正好那年我们学校最后一次月考的时候，数学也很难，同学们通过那次考试"降了降温"，又经过了老师们的心理辅导，所以那年我们学校考得非常好。

预防孩子走向另一个极端，还需要注意别为了解决孩子的自满就简单粗暴地给他"泼凉水"，直接拿个他根本达不到的目标"压死他"。我听过一位家长对学跳舞的孩子说："就你这两下就头大了，有本事给我到《星光大道》上拿个冠军去。"小学生觉得自己跳得不错有点小骄傲很正常，不必这么说的。

这么做不仅可能导致孩子自卑，而且很容易激起他们的反感。有位家长怕孩子自满，对考了高分神采飞扬的孩子说了一句："等你考上清华北大时再说吧，我也没听说人家孩子像你这么骄傲的。"结果孩子回了一句："你上学的时候学习还没我好，现在倒来说我，你怎么没考个清华？我也没听说人家家长这么贬孩子的。"

我觉得另一位家长对学笛子的孩子说的话就要好很多："孩子，你的笛子吹得确实已经很不错了，爸爸在你这个年纪也学过一段时间笛子，当时根本达不到你这个水平。但是希望你注意到另一个方面，即使是业余爱好，你也可以吹得更好。而且，爸爸让你学音乐也是为了陶冶你的灵魂，人永远是向前的，就像这旋律，是永不停歇的，不能因为哪个旋律好听就不继续往下演奏吧，所以自满是要不得的。"

附录

家长如何直接帮助
孩子提高学习效率

1 做好学前准备工作

　　良好的开端是成功的一半。开学之前帮助孩子做好学前准备工作是保证孩子学习顺利的基础。

　　孩子从入学开始，就面临着三个巨大的转变：从家庭到学校的环境转变，从被宠爱呵护到被约束要求的氛围转变和从子女到学生的角色转变。这还只是三个主要方面，由此还会衍生出一系列的转变，例如作息习惯、行为习惯、思想意识、兴趣爱好等许多方面。这些转变往往令孩子们无所适从。所以，提前帮助孩子做好适应这些转变的准备，对于孩子的学习会产生巨大的影响。

　　实际上，我们一直在有意无意地做这方面的工作，但是多数家长的做法缺少持续性和全面性，所以效果经常不明显。

　　比如，在孩子上幼儿园之前，家长们普遍担心孩子们无法快速适应上述转变，这方面的工作做得比较充分。但是从孩子上小学开始，不少家长就只是与孩子进行简单的交流，甚至只是嘱咐几句了事。这是一个很大的误区。中小学与幼儿园的环境氛围有很大的区别，对孩子的要求也有很大的不同，由此而言，对于不少孩子来说，这样的角色转变也有相当的难度。比如，不少初中生的在校时间基本上被老师安排得满满的，甚至课外时间也被提出了明确的要求，他们只需要照做就可以了。可一到高中，越来越多的自习时间和课外时间是需要孩子根据自己的情况自行安排的，这本来是一种很合理的做法，因为孩子在这一阶段的学情差异很大，教师很难完全统一孩子的学习安排。但不少孩子就是因为无法适应这一转变，手足无措，有的白白浪费了时间，有的安排不合理，使学习事倍功半。

那究竟应该如何处理这些问题呢？最主要的是设法让孩子明白这一系列转变，最好能想办法让孩子切身体会到这些转变，并对这些转变产生兴趣和憧憬。比如，我们在孩子即将进幼儿园时，就经常在孩子面前念叨幼儿园如何好，有什么好玩的东西，老师会教多少知识，小朋友们在一起如何开心，这实际上就是在告诉孩子，你要去幼儿园了，你要去面对老师了，在玩之外，你还有新的事情要做了。有的家长会在孩子上幼儿园之前就带孩子们去玩，让孩子有足够的时间适应这些转变。这都是非常明智的做法，一般而言，这一类孩子在入学时不仅没有抗拒哭闹的情况，反而充满了期待。

但在孩子上小学时，家长们的这种耐心和细致逐渐消失了，往往只是嘱咐几句："听老师的话，好好学习，和同学们和睦相处。"家长们似乎觉得孩子应该可以适应这些转变了，其实不然。比如说，在幼儿园，对孩子在学习文化知识上要求得并不很严格，首先是难度低，绝大多数知识是以识记为主，即便有理解的也很简单；其次，孩子的时间非常充分，基本感觉不到压力。小学就不同了，教学计划安排得非常紧凑，课程表排得满满的，从语文的基本语法和数学的四则运算开始，理解性的东西越来越多，能力型的题也越来越多，孩子很容易产生不胜负荷的感觉。又比如，从小学开始，对纪律的要求比在幼儿园要高得多，偏偏孩子在这一阶段的自主性和叛逆性越来越强，就很容易导致一系列问题的出现。有些孩子由反感被约束发展到反感老师，进而反感学习。

所以，家长在这个阶段仍然要做足工作。

比如，不少家长在孩子上幼儿园时就开始渗透孩子上小学的准备工作。一些简单的做法是：

孩子认识了一些汉字后，家长有意无意地把一些书摆在孩子面前，津津有味地读，甚至读得哈哈大笑，孩子一看，却发现有好多的字是自己不认识的，根本不知道书里说的是什么，这时家长告诉孩子："这些书真的很有趣，爸爸看得都入迷了，小宝贝别着急，你上小学后，老师会教给你的。"越说不急他越急，甚至让家长给他念。这时家长就要注意了，你拿书的时候随便拿本什么书都可以，但给孩子念的时候一定要说他听得懂的，感兴趣的，也就是说，你念的内容和书的内容也许完全不同，所以说，一定要选择恰当的书籍或者准备好给孩子念的内容。比如，你拿的是《史记》原本，但给孩子念的起码应该是白话文；你拿的是《微积分》，孩子可能对那些公式计算有一种直观上的兴趣，但他只是对那些弯弯曲曲的线条好奇，你说给他听的内容也许是趣味数学题。需要注意的一点是，这么做必须是渗透性的，最好不要一本正经地对孩子说，你还有很多不懂的知识，比如说什么。

孩子学会唱歌以后，家长可以引导他："你知道怎么把字变成好听的歌吗？"当孩子表现出一定的兴趣后，可以让他知道小学语文老师教的东西会帮他实现这个梦想。

在这个方面，带孩子去少年宫和科学馆是个很好的主意。

其他方面的转变也是如此，家长可以带孩子去参观一下小学生戴着红领巾排成整齐的队列在做操、升旗，参观小学生更为丰富的课余生活，让孩子产生一种向往。他会想着：我将来站队比他们站得更整齐，我将来升旗要把旗子升得更高。

家长们可以在与孩子聊天的时候，回顾一下自己上小学时的一些趣事，在讲述的过程当中穿插小学阶段与幼儿园的不同之处，让孩子在有意无意之间有一点心理准备。但是千万不要很严肃地对孩子说："小学比幼儿园的要求要严格得多，竞争也激烈得多了，你有很多知识要学，不可以再像以前那样贪玩了。"小孩子哪里懂得要求严格竞争激烈对自己有什么意义，这些话只能让他对即将开始的学习说"不"。

　　有位家长在孩子即将进入小学时，与孩子做游戏，其中一个是"数豆豆"：把豆子摆成几行几列，然后与孩子比看谁数得快。孩子总是输，这时家长说："妈妈小时候数豆子比你还慢，与小朋友比赛经常输，后来一位小学老师教了妈妈一个神奇的口诀，妈妈就能很快地数出来了。你将来学了这个以后啊一定比妈妈数得还快。"孩子从此以后时时记着要学这个神奇口诀，学数学的时候特别用功。

　　兴趣是最好的老师，在开学前培养孩子的学习兴趣，能为孩子注入充分的学习动力，非常有助于孩子下一阶段的学习。家长们还应该注意，这样的工作不是在某个时间段里集中可以完成的，比如，小学三年级以前和三年级以后的情况就有比较大的差别，所以这个工作要持续进行。

　　这个工作在初中和高中时做起来就比较难一些，因为孩子们已经不再像小学时那么好奇，很容易跟着家长的思路走。这使得许多家长大伤脑筋，最终只能大谈考高中考大学的重要性，这反过来又可能增加孩子对学习的抗拒心理。所以我想就此强调，培养对学习的兴趣，一定要从娃娃抓起，常抓不懈。这个工作越靠后，难度越大。

　　其实难做不意味着没法做，比如，在孩子即将进入中学前，可以让孩子接触一些比较复杂的物理和化学现象，当他们感兴趣时，用简单的介绍说明其中的奥妙，然后适当地点一下，他们在中学里会学到更多奇妙的东西。

　　例如，一位家长曾经借着一次不太明显的日偏食的机会对孩子提出了一个要求：不用墨镜，只用两张白纸能不能观测到日偏食的现象，孩子无法可施，家长利用小孔成像的原理让孩子在白纸上看到了日偏食现象，然后引导孩子明白借助中学物理知识可以做到许多看似不可能的事情。这就非常有利于提高孩子对中学物理的兴趣。

　　在孩子即将进入高中时，可以请老师们给他们简单地讲解一下初高中知识之间的联系，让孩子知道原来初中学到的知识在高中还可以变出这么多的花样，他就会对高中学习产生期待。但这不是补课，用不着让孩子一定要学会什么。

这里有几个要点：

①一定要尊重孩子的兴趣，兴趣只能由引导得来，绝对无法用强迫实现。

孩子的兴趣是多方面的，而玩是他们最大的兴趣，所以我们尽量想办法把孩子在其他方面的兴趣与学习联系起来；即便做不到这一点，也不能以打压的方式强迫孩子改变兴趣。如果孩子现在想踢球，那就先让他好好踢一场，当他踢累了的时候，自然就会想着找一个新的兴奋点，这时再"乘虚而入"，效果就要好得多。所以要想激发孩子的学习兴趣，最好先让孩子在其他兴趣上有一点疲劳度。

其实，在不同科目上也是这样，他现在想做数学题，你就别急着提高他对语文的兴趣，否则孩子会反感。等他数学做累了，给他放一段肖邦的乐曲，如果他喜欢听，就可以和他谈谈肖邦，当他表现出兴趣时，可以推荐他读一读相关的文章，比如苏教版高中教材中就有《肖邦故园》。

通过巧妙的游戏和竞赛激发孩子的兴趣是很明智的一种方式。就像我在上面提到的家长利用日偏食的机会教育孩子的案例，家长可以多了解一些趣味科学案例，在与孩子的游戏和竞赛中把知识和兴趣"润物细无声"地渗透给孩子。

②把孩子原有的兴趣与学习知识联系起来，由浅入深，由表及里，循序渐进。

每个孩子都会有自己的兴趣，只是这些兴趣未必对学习有直接的好处，所以经常有家长感叹孩子的某些兴趣成了学习的绊脚石，自然也就成了家长教育孩子的绊脚石。其实，事情往往不是那么绝对的，因为任何现象中都蕴涵着科学的道理，只要家长引导孩子去探寻其中的奥妙，就可以把这些兴趣转化为孩子学习的动力。例如，一位家长利用孩子喜欢打乒乓球的兴趣，向孩子提出一个问题：为什么乒乓球拍的一面是光滑的，另一面却是不光滑的？然后引导孩子提高了学习物理的兴趣。

有个孩子从小淘气，不喜欢遵守纪律，也就是因为淘气，所以他特别喜欢打仗的游戏，觉得只有打仗才过瘾，想怎么打怎么打。于是家长经常带他看军旅题材的影视节目，逐步引导他认识到，只有遵守纪律的战士才是能打胜仗的战士，慢慢地帮孩子改掉了这个毛病。更妙的是，当孩子即将进入初中的时候，家长意识到原先简单的思想工作可能会失效，于是又把一些不守纪律却能打胜仗的影视内容介绍给他，并与孩子一起比较分析两者的异同，让孩子深刻认识到其中蕴涵的辩证关系，从而彻底解决了这个问题。

我在前文中也多次提到，可能有的孩子不喜欢学习，但很少有孩子对做人这个问题不关注的，我们就可以先与孩子在这个问题上取得共识，培养孩子良好的品质，从而为他的学习奠定良好的基础。

③让孩子做老师，提供运用知识的机会。

多数孩子对于帮助别人解决问题都抱有很大的兴趣，年龄小的孩子可以从中收获极大的成就感；即便是年龄较大的孩子，也觉得自己可以少学点，但别人的求助不帮忙有点说不过去。我有个学生曾经很不喜欢学数学，数学课经常睡觉，于是，我嘱咐他周围的同学比较频繁地请教他数学问题，慢慢地，这个孩子开始听数学课了，也开始向老师提问了，虽然他有时只是因为不好意思拒绝同学们的求助，但数学成绩还是提高很快。

俗话说："条条大路通罗马。"我们可以通过一些巧妙的思路扭转孩子某些方面的劣势，收到殊途同归的效果。这其中最彻底的方式之一就是反转双方的角色。

比如，与其陪着孩子做作业，干巴巴地检查孩子的功课，不如对孩子说："今天我接到一个任务，刚好要用到你正在学的知识，你能给我讲解一下吗？"家长还可以创设一些情形，模拟某些事件让孩子解决。比如，我经常让语文成绩需要提高的学生帮助我批阅作业，他们要完成这个任务，就一定要掌握足够的知识，所以在批阅的时候会不断地提问，事实证明，这样做的效果比课堂学习还要好。

孩子不喜欢学几何时，一位家长就对孩子说："过几天我要定做一个容器，需要事先估计一下成本，但我小时候学的几何知识不够用了，你帮我计算一下。"然后把一个复杂容器的图纸和基础数据给了孩子。孩子在帮父母解决这个问题的过程中，就学到了很多落下的几何知识，也逐渐地提高了对几何的兴趣。

④把握频率和时间长度。

对小学阶段的孩子而言，以上方法可以多多益善，只要不让孩子感到疲惫和厌倦就可以。但对于中学生，就要有一个尺度。一来中学生的课业负担比较重，不宜太多地占用时间；二来他们的思想逐渐独立，你想这么做的时候他未必愿意，比如你想和他谈肖邦的时候他却想休息，你想让他帮你解决问题时他却让你找别人。如果出现这种情况，家长就要注意控制频率和每次的时间长度。一般而言，如果是刚刚开始尝试这种方法，游戏可以每两到三天做一次，让孩子当老师每周一次或者半个月一次都可以。而且要注意方式和创设的情形要灵活多样，避免孩子因为形式单一而感到枯燥。

⑤家长的言传身教很重要。

这是需要特别强调的，也是以上方法起作用的前提。如果家长平时在生活和工作中没有一个良好的态度，就会造成一些不必要的阻力。比如，家长如果经常说"关心那做什么""这有什么意思"，孩子就可能受到影响，对很多东西也提不起兴趣。

此外，家长还应该对一些相关情况进行摸底，设想可能出现的情况并准备好应对方案。

比如，家长可以事先找有经验的老师了解一下孩子即将学习的科目中，有哪些知识点是重点和难点，提醒孩子注意。但是千万注意别因此吓住孩子，在你提醒他注意的时候要引导他意识到，按照他的情况采取正确的方法努力一下是可以解决的，最好能提供一些真人真事作为例子。当然，这对不少家长有些难度，可以借助专职老师来完成。

这一工作应当扩展到孩子学习和成长的各个方面，也就是说每当孩子即将面临一个新的阶段时，家长都应该通过各种方式了解一下可能出现的问题，从而做到心中有数。

2 做好
学情监测

（1）监测内容

家长在分析孩子的学习时，往往只关注一些表面的东西，比如学习时间的长短，考试分数的多少和排名的高低，而忽略了许多更为本质的东西，例如学习习惯、学习效率和知识漏洞的具体分布等。如果对这些问题没有一个具体深刻的了解，很可能采取一些矫枉过正的方法，比如陪读、唠叨、逼迫甚至更不适宜的方法。这不仅会让孩子的学习事倍功半，还可能导致孩子的反感，甚至使亲子关系趋于紧张，这对孩子的学习和成长都极为不利。

一般而言，我们对孩子学情的监测，至少要关注以下几个方面：

①孩子是否有比较合理的时间安排，一般而言，合理的时间安排要具备如下要素：

充足的时间长度。尤其是对于中学生而言，课堂之外的学习时间应当保持在每天三个小时左右（含学校安排的自习时间）；如果孩子的学习强度确实很大，周末的时间可以稍微松一点，但也应该安排三个小时的时间；节假日的学习时间应当保持在每天六个小时左右。可以考虑在假期里用五分之一甚至更多一点的时间去做一些别的事，未必与学习有关，但一定要对孩子的成长有意义。

固定的时间安排。要避免孩子在学习上的随意性，比如有的孩子在节假日的时候上午睡到日上三竿，下午和晚上又连轴转地学习，甚至熬通宵；还有的孩子猛学几天再不管不顾地玩几天，这都是不合适的。另外，在预习、复习、完成作业等环节上的时间分配也应当关注。

合理的机动时间，很多家长和孩子做学习计划的时候会犯理想化的毛病，把时间安排得满满的，当时看着信心满满，很快就发现根本无法做到，从而束之高阁。对于中学生而言，一般每两个小时的学习时间就应当安排20~30分钟的机动时间，用以应对新出现的问题或者反思。但机动时间不包括休息时间，后者得另行安排。

②孩子是否有比较科学的学习理念和学习方法，比较重要的几点是：

是否能通过复习和预习产生明确的学习目标。比如，孩子是否明确今天还有什么问题需要解决，明天要学哪些东西，哪节课应当学到什么程度。

是否有反思的习惯。他是否经常反思这节课或者这个知识点是否遗漏了什么东西，是否可以继续深挖，这道题是否还有别的更好的解法等。

是否只关注态度而忽略方法。

是否只注重知识的学习而忽略能力的训练。

听课方法是否科学。例如，是否能跟着老师的思路走并提出有价值的问题；是否有正确的记笔记和整理笔记的习惯。

学习状态是否良好。例如孩子一堂课的良好状态能持续多长时间，状态出现偏差后多长时间能调整过来；做作业时是否在顺便做别的事情，是否很容易受外界干扰而分心。

是否有科学的巩固知识和解决问题的方法，比如是否只做习题不复习知识，是否常用题海战术解决疑难问题，是否只问同学不问老师。

是否掌握了科学的记忆方法。

是否能合理地选择利用教辅资料和学习软件等。

③学习兴趣问题。孩子是否有偏科的现象，是否对某些章节和知识点有一种条件反射式的发愁，是否能从学习和知识本身找到乐趣。

④知识与能力。要尽量明确孩子在知识与能力方面的具体情况，例如知识漏洞的具体分布和能力层级的达标情况，家长最好经常性地通过各种方式了解这些问题，不仅要有针对性地帮助孩子想办法解决，而且要有比较详细的记录，以便与孩子自己的记录进行对照并在考试前提醒孩子重点复习。

（2）监测方法与途径

①最主要的方式是通过老师的评价。家长最好不要只满足于家长会和每学期一到两次的家长通知书，前者时间有限，后者篇幅有限，都很难全面深刻地反映孩子的情况。有条件的家长，最好能每月与各位老师接触一次，与班主任的接触主要是了解前三个方面的问题并探讨下一步的教育措施，与代课老师接触主要是了解第四个方面。接触老师的时候不要泛泛而谈，最好能参考上述各方面事先制定一个比较明确的提纲，逐项了解。

②定期抽查孩子的功课。比如检查背诵情况、作业完成情况等。抽查的时候一定要注意几点。

首先一定要与孩子达成共识，让孩子意识到这是一种善意的关注，而且对他是有价值的，消除孩子的担忧和疑虑，取得孩子的配合。

二是检查的方式要多样化，检查的项目也要全面，以确保检查结果的科学性。可以检查孩子作业的完成情况，注意不要只看完成量，还要看质量，例如选择题要确定孩子是否是蒙出来的；也可以从其他资料中抽出少量题来让孩子限时完成，还可以让孩子给家长讲课。

三是抽查可以经常进行，但面对面地检查不宜过多，每门功课每周有一到两次就可以，弱势功课也不宜超过三次，至于让孩子给家长讲课，每周一次足够，但要鼓励孩子经常给自己讲课。

四是检查后要与孩子分析探讨，明确优点与缺陷并达成共识，想出对策，还要定期与老师一起分析并商议下一步的做法，最好能把检查结果整理、归类并保存下来，定期复查，不可查完了事。

③分析考试情况。

分析考试情况的时候一定注意不要笼统地看成绩，要与孩子逐道分析，找出失误的原因并有针对性地帮助督促孩子解决。失误的原因有很多，可能是知识掌握不扎实，也可能是审题失误或者步骤、表述不严谨，还可能是心态的问题。不同的问题有不同的对策，只有找对问题才能对症下药，否则可能会帮倒忙。

④通过孩子的同学了解情况。有时候，同学和朋友对他的了解比老师和家长的了解更真实更细致，所以这个途径一定不可以忽略。但是在具体的操作过程中，最好不要很正式很直接地问，免得对方产生某些顾虑而不敢全面客观地反映情况，而且可能让孩子对家长产生反感，多和孩子的同学聊天，从只言片语中进行分析判断。而且一定不要用这些信息对孩子说事，这样的事只要一次就足以失去这条途径了。

⑤要结合具体的主客观情况了解分析。要有比较全面科学的参照系，在比较中分析，不要只看树木不见森林。当然，选定参照系和比较时要人性化。

3 指导孩子
高效学习

高效学习最主要是走好预习、上课和复习三步。

①预习。

一般来说，预习可以分为课前预习、阶段预习和全程预习三种。课前预习，指上课前对本节课要学习的内容进行预习；阶段预习也叫单元预习或者章节预习，指在学习新章节或者新单元之前，对该内容提前有一个了解和把握；全程预习指新学期开学前对本学期所学内容有一个整体的把握。

从顺序上来说这三种方式是倒过来进行的。从时间上来说全程预习一般在假期进行，阶段预习一般在周末进行，课前预习最好能做两次，前一天认真地预习一次，上课前利用课间十分钟再简略地过一次。从要求上来说，全程预习是粗线条的，只要大体了解新内容的基本情况，知道本学期要学哪些内容即可，未必要明白其中的具体知识，推荐孩子们多看看教材和参考资料的目录，可以用很少的时间让孩子对将学的知识有一个高屋建瓴的把握；阶段预习要强调明确该章节的具体知识点到底有哪些，哪些是重点哪些是难点；课前预习要求最细致，要求认真阅读教材，初步了解教材内容，可以适当借助教辅书籍做比较深入的理解，注意温故知新，试着根据已学知识去推导新知识，对新旧知识间的联系有一个直观上的了解，在这些过程中应该产生一些具体的问题，作为上课时的参考提纲，以做到有的放矢。如果有需要记忆的内容，可以提前强记一下。要注意不同课程的不同特点，比如精讲课和自学课，而知识课和实验课之间就有很大的不同：精讲课内容深奥复杂，是预习的重点；自学课的知识本身比较简单浅显，而且课堂上就有比较充分的学习讨论时间，基本可以不预习；知识课的预习重点主要集中在知识本身，而实验课的预习重点应当是在步骤及其与知识的联系上。

总而言之，要通过预习做好知识、方法、心态和物质诸方面的准备，确保课堂学习的顺利高效。

要特别注意在预习过程中为自己设定一个合理的课堂期待目标，也就是说，对于一些同学而言，未必能在课堂上实现应该实现的学习目标，比如未必能当堂理解所学内容，甚至听不懂老师讲的是什么，这实际上是很正常的，如果不能根据自己的实际情况和所学内容设定一个合理的期待目标，孩子很容易产生焦躁或者沮丧的情绪，为学习增加不必要的阻力。应当大体上估计一下，我可以学到什么程度，估计还会有多少遗留问题，有了这样的心理准备以后，孩子就可以平心静气地听课，理性地对待课堂上出现的各种问题，提高课堂效率。

②课堂学习。

在预习准备的基础上，上课前要充分放松自己。上课和上考场是一个道理，如果上节课学的是其他科目，一定要先把头脑"清零"，无论是收获还是疑问都先放一放，别成为下节课的负担。课间休息时间不宜做剧烈活动，散散步，轻轻哼唱自己喜欢的乐曲，把自己的身心调节到一个最佳的状态。也可以用各种方式给自己一些积极的心理暗示，比如笑着对自己说：下节课你一定也会学得很理想。如果是自己比较发愁的科目，可以告诉自己：也许这节课我可以有些突破，让我试着挑战一下自己吧。

听课是学习的核心环节，所以我们介绍得详细一点。

我们知道听课的时候要做到听说读写并行，但最关键的其实是用心。不少同学在课堂上累得一塌糊涂，但学习效果也是一塌糊涂，这就是因为只注意到了外在的东西，而忽略了用心。实际上，上课的时候，听讲、看展示内容、回答问题、记笔记等都只是辅助手段，真正的核心在于思考。如果忽略了这一点，孩子接受的知识只能是死板的内容，并不能消化为自己的知识，更不能转化为能力。

部分同学以为我既然在听老师讲课，这本身就是在用心，其实不然。用心的关键在于思考，把自己的思维与老师的思维进行融合，最终达成共识。因此我们要特别注意落实如下做法：

不仅要被动地听说读写，而且要提前思考一下，下一句话老师会讲什么，怎么讲，然后把自己的预测与老师实际所说的内容进行比较，找出其中的共同点和不同点。如果一节课是老师精心准备的，那其中的每一句话都有自己的用意，都包含着需要学生注意的东西。如果学生想到的东西老师讲了，那就意味着你预习得比较到位了，对这个环节也基本掌握了；如果老师讲了但是与学生预想的表述不尽相同，那就可能是学生在这个东西上理解得有所偏差，这就需要注意；如果学生预想的老师根本没讲，那就记下来，课后去问老师，是自己想得太多了，还是老师因为种种原因没讲。后两种是课堂学习和课后复习的重点。

这里要注意几点：

a. 这一过程要贯穿在课堂学习的整个过程中，但一般不要在预习时预测课堂的具体情况，因为多数学生达不到这个程度，只能在课堂上借助老师的上一句话推测下一句。

b. 不要笼统地预测和比较，也就是说不要只在知识点层面上进行，而应该细化到每一句话上。句句预测，句句比较，知识分解得越细，学习也就越扎实。

c. 这个过程很累，而且多数学生不可能完全做到，有的学生可能为了这么做而跟不上进度，因此要把握一个度，能做到就做，做不到就跳过几句话接着做，既不要死板地硬着头皮句句这么做，也不要因为跟不上就完全放弃。至于跟哪句，跳过哪句，就要结合预习时生成的学习提纲和老师的强调提示，越重要的东西越要这么做。但是如果学生从来没这么做过，为了熟悉这种做法又不影响听课质量，可以反其道而行之，先挑一些简单的内容练习这种做法，而在关键内容上还是先按照老办法来做，等比较熟练后再转变过来。

听课的时候要注意既要对照要点整体把握，又要句句落实细化处理，宏观和微观并重。而且要跟着老师的思路走，不要撇开老师自行处理。有的学生过于关注自己预习时生成的预案，觉得自己预习到的可以不听了；有的学生发现自己预习的情况和老师讲授的内容完全不合拍，顿时乱了阵脚；有的学生听不懂某个知识点甚至某句话就不再往下听了，而是停下来思考甚至去翻阅教材和资料，导致耽误了更多的东西。这些都是不合理的。出现问题很正常，记下来课后处理，绕过拦路虎，再杀回马枪，课堂上一定要紧紧跟着老师走。

现在不少学校采取学案教学法，已经把课堂划分为预习、讲解讨论、检测反馈三个步骤。学生可以把自己预习的情况与老师发下的学案事先进行比较，避免这种情况的出现，也可以完全按照老师的学案进行预习，降低难度。但我觉得有条件的学生还是最好自己生成一个学案，然后与老师的学案进行比较，这样可以在课前就有一个思路融合的过程，也可以最大限度地检查出自己的问题。

听课的时候不仅要听"实"的内容，也要听"虚"的内容。比如老师讲解知识点的话多数学生会认真对待，但老师说"这个东西大家要好好想想""这个方面大家要多练习巩固"，有的学生就以为是随口一说，不当回事。要注意，既然老师强调，就说明有这个必要，至少要自己想想，找老师问问，这句话对自己要紧不要紧。

关于记笔记的问题，我想专门介绍一下。不少孩子在这个问题上会出现两种误区：一种是觉得老师讲的都能听懂，所以很少记或根本不记；二是记得过于详细，做笔记反倒成了听课的累赘。我们应当这样认识做笔记的作用：它是一种必要的辅助手段。说它必要，主要是针对第一种情况，好记性不如烂笔头，当时听懂未必课后能记住，更未必能记全，所以做笔记是必要的，以便复习的时候有一个直观详细的依据。说它是辅助手段主要是针对第二种情况而言，我们反复强调课堂的核心是跟着老师的思路走，如果因为笔记影响了这一点，绝对是得不偿失的。那么如何解决这个问题呢？

　　关键是要意识到，预习时生成的学案和听课提纲本身就是课堂笔记的雏形，它已经有了许多需要记录的内容，比如教材和资料上已经出现的东西。所以我们在课堂上实际是在填补笔记而不是重新记录，这样就可以节省大量的时间和精力，解决这个问题。我们需要填补的内容主要包括这样几个方面：原来没有记录的内容和题目、原来有但与老师不同的内容、课堂上生成的问题。而且课堂笔记是提纲挈领式的，要学会记点不记面，不要求完美，课后再补充整理。比如有些题目，记录起来非常费劲，就可以简单地写下"此处补充例题2道"，课后再具体补；还可以与同学合作，每人记一道，课后互相补充。

　　③复习。

　　课堂是核心，但对于很多学生而言，复习用的时间是三个步骤中最长的，要做的事情也是最多的。对于部分同学而言，可以有复习没预习，但绝对不能有预习没复习，所以一定要引起足够的关注。

　　一般来说，复习分为如下步骤：

　　第一步，课后复习。老师的授课结束后，最晚在刚刚下课后，要简单回顾一下讲授内容和自己生成的问题，看看在要点上有什么遗漏，如果有，依照课堂笔记的原则扼要记录。但不要详细记录，课间休息时间主要应该用来调整状态迎接下节课。

　　第二步，详细复习。这一步一般是在晚自习，如果完成不了就留到周末。这一步需要做的事情最多。

　　首先是详细回顾课堂的整个过程，特别是老师强调过的内容，要尽量详细到每句话，想不起来的可以问同学和老师。

　　然后是补全笔记，把原来的要点全部详细表述出来，如果资料上有，可以剪贴；最好能对照一下其他同学的笔记，看看自己是否还有遗漏，或者还有不同的理解角度与思路；最重要的是不仅要记知识讲解，还要记思路与类型题。基本上做到有笔记在手，就可以不必借助教材和资料的讲解。

　　第三是对照笔记和课堂回顾，梳理出课堂思路和重点难点，想想重点是否理解透彻了，难点应当如何处理。处理重点的时候，要与同学和老师反复印证，最好把它给同学或老师详细地讲一次，看看自己是否真的理解了，是否真的做到正确、全面、透彻地理解了。处理难点的时候要注意；可以先问同学，但尽量多问老师，因为同学对难点的理解也未必透彻，即便有所回答，也要找时间再找老师印证一下；有的难点要问清老师，对于自己是否有些过于难，是否可以先放过，是应该彻底放过还是等以后有所提高后再处理。如果可以完全放过，那就不要让它成为自己的负担，影响信心；如果不能彻底放过，那就用醒目的方式标注出来，以免将来忘记，但暂时就不考虑了。这个过程中要特别注意总结归纳，找出规律性的东西，把零散的知识尽量归纳成体系。

第四步是练习巩固，通过练习确定自己可以灵活地运用所学知识，将之转化为解题能力。这一步需要注意的问题有：

不仅要完成老师布置的作业，还要适当地找一些资料作为补充。毕竟老师布置的作业是针对多数同学而言的，是针对重点而言的，是必要的，但对你个人未必是充分的。选择资料的时候，可以事先征求一下老师的意见，请老师根据个人的具体情况推荐一些，起码保证难易适中，不偏不怪。多选择几种资料，至少选择两种，以便互相对照印证。但两本资料不需要全做，可以选择其中的一本认真练习，另一本对照着看看就可以了。如果学校印发的资料比较多，就可以不必再买。

做题的时候和考试一样，一定要限定时间，可以比考试时间稍微宽裕一些，但不宜超过130%，即便是比较费力的题目，也不要超过200%。

无论是老师布置的题目还是自己补充的资料，都应当分为三种情况对待：一看就会的可以不做，以节省时间，当然，老师特别要求的除外；一看就没思路的暂时放过，最后再攻坚；似乎有思路但没有把握的是首轮练习的重点，每一道都应当认真对待，不要只关注结果，还要关注思路和步骤。难题放在最后，能做几道做几道，做不来可以参考一下答案或问老师，但注意事先一定要有个思路，请教老师的时候先把自己的思路比较明确地说出来，与老师的讲解或者参考答案互相引证，看自己的问题到底出在哪里，应该如何避免再出现类似的问题，至少要记住自己出现过这个问题，同类型的题目上不会再出错。有些同学喜欢做有把握的题目，觉得越做越顺，越有成就感，这是不恰当的，没把握的题目才是对自己价值最大的。

要多换思路，不要在一种思路上耗费太多的时间，很多时候一种思路如果十几分钟都没什么效果，那用几个小时也仍然没效果；即便有效果，从时间上来说也不划算。尤其是从提高能力的角度而言，多换思路很重要，即便做出来也要再考虑一下还有没有别的思路。

每做一道题都与笔记对照一下，看看用其中哪些东西可以做出这道题，如果找不到对应的知识和思路，就说明笔记还有遗漏，补充一下。

最好能整理剪贴一个错题集，梳理出其中的共性问题，以备随时查阅复习。

第五步是阶段复习。一般在周末、考试前和节假日进行。这一步最关键的是三点：一是把本阶段的知识再全面地在脑子里过一遍，强化记忆理解；二是在前两步的基础上对知识有一个更为宏观的系统把握，明确本阶段所学知识相互之间的联系，不仅同学科知识点之间的联系，而且要注意跨学科的联系；三是强化练习，尤其是选择一些仿真模拟题按照考试的要求练习，以求更熟练地运用知识。但不要忽略重温旧题，尤其是自己曾经做错的题目。还可以与同学互相摘出一些旧题重新做一次，因为多数做过的题上都有答案，扫一眼就等于得到提示，抄出题干来重新做可以检验自己在没有提示的情况下是否能顺利做出来，也可以请家长帮忙。

复习的时候也要注意合理安排利用有限的时间，弱势的科目和章节要优先保证；而且要注意各科目交叉复习，但交叉复习是就整体过程而言，一般复习不要按照课时长度进行，因为很多重难点的东西需要两三个小时才能比较彻底地解决。

这一阶段要注意查漏补缺，确实有解决不了的问题就需要补课。

关于补课，需要注意的问题是：

a. 确实有需要才补，不要把补课作为自我安慰。有的家长也认为补课肯定比不补要好，至少能温习巩固，这实际上是错误的认识。复习的主要方式应该是学生自我总结反思。还要意识到补课绝对不能代替课堂，千万不要把希望完全寄托在上面。

b. 恰当选择辅导老师。请孩子的代课老师补课的好处是老师对孩子了解得比较全面透彻，可以有针对性地进行辅导，也可以避免补课与课堂讲授的无效重复，但代课老师可能工作繁忙，时间上未必能保证。专职辅导老师的情况恰好相反，而且与代课老师的风格与思路总是有所不同的，也许会更适合孩子。老师的授课风格很重要，看看孩子是需要耐心细致的风格还是需要大刀阔斧的风格。

c. 一起补课的学生不宜太多。学生越多效果越差。因为补习主要就是为了解决学生的疑难问题，是需要有针对性的。在这个环节上不同的学生往往有不同的需要，人太多老师就顾不过来了。一般而言一个老师辅导 2 ~ 3 名学生最佳，既可以保证效果，又可以营造一种学习氛围，还可以让学生相互切磋砥砺。

d. 补课的时候不要被动地学习，一定要在复习的基础上向老师提出明确的要求，让老师明确自己到底需要补什么，是全面补还是重点补，是补知识还是提高能力，是复习巩固还是深化拓展。要求提得越明确越细致，效果就越好。

e. 补课的过程中仍然要注意走好预习、复习、练习的步骤，不能觉得补课就是复习的一部分。

最后，为大家介绍一些简单的记忆要点和方法：

德国著名心理学家艾宾浩斯从心理学上对记忆规律作了系统研究，并绘制出著名的"艾宾浩斯遗忘曲线"，这非常有助于我们科学记忆。按照他的研究，一般人在记忆之后的如下时间里最有可能出现遗忘：20分钟、1小时、8小时、24小时、2天、6天、一个月。这就意味着我们一般要复习七次才能彻底掌握。好多同学觉得自己经常遗忘，由此对自己的记忆力产生怀疑，甚至变得反感需要背诵的内容，这是大可不必的。而且，这个规律有助于我们在遗忘前及时回顾，这样比忘记之后重新记忆省时省力。当然，每个孩子的具体情况不同，有的还需要更为密集地回顾，有的根本不需要这么多次，可以根据自己的实际情况调整。但无论如何，要经常回顾，力求达到准确、全面、系统，切不可满足于似是而非，这是学习的大忌。

a. 理解记忆。记忆与理解是密不可分的，深入理解知识的内涵和推导过程，非常有助于精确记忆。比如记忆"东边日出西边雨，道是无晴却有晴"一句，有的孩子总搞不清楚到底是"晴"还是"情"，因为老师们经常强调这句话语意双关，反而把人搞糊涂了。但如果联系到前一句说的是天气，就很容易确定后一句字面意思说的也应该是天气。由此而言，经常与同学们讨论本身就很有助于记忆。

b. 系统记忆。在理解知识本身的基础上，找出知识之间的内在联系，使之条理化、系统化，不仅有利于大面积记忆，而且可以在宏观上对知识有一个更高层面的把握，这是非常重要的。所以我们在记忆的时候，可以先提出一个提纲，然后逐步细化回忆。对于比较散乱的内容，也要想办法整理出来，或者绘制成表格，有一个直观的视觉刺激，以提高记忆效率。这倒未必一定要找出一个科学的规律，只要有助于记忆就行。比如，有的老师利用谐音把一些本来不搭边的知识编成口诀就是很好的方法。

c. 比较记忆。对于形式或内容上相近的知识，通过全面细致的比较，找出其中的不同点进行重点记忆，而那些共同点在比较的过程中已经不知不觉记得差不多了；而且现在许多题本身就是考察学生的比较分析能力，孩子在这个过程中顺便也提高了这一能力，是事半功倍的好办法。